Meine Familie
Deine Familie

Berichte aus dem Familienalltag

Ein Fotolesebuch
von Antoinette Becker
und Elisabeth Niggemeyer

Otto Maier Verlag Ravensburg

Inhalt

Vorwort 3
Einführung 4
Eine Hochzeit auf dem Lande 6
Oliver 24
Lena 33
Großmutter und Marita 44
Papa mit Astrid alleine 50
Der Wochenendvater 60
Die Küpelis, eine türkische Familie in Berlin 62

Das adoptierte Baby 75
Wir bleiben lieber für uns 81
Eine Wohngemeinschaft 84
Manuela im Heim 90
Wilingas und ihre Kinder 102
Eine Familie in guten Verhältnissen 118
Mutter und Tochter 134
Zirkuskinder 142
Eine Problemfamilie 162
Informationen 165

Vorwort

Daß die Familie zerfalle oder zerstört werde, daß sie ihre alte Funktion nicht mehr erfülle und ihre neue noch nicht erkannt sei oder hinter den Klischeevorstellungen der bürgerlichen Kleinfamilie verborgen bleibe – dies haben wir in den letzten Jahrzehnten viel gehört. Dies ist selbst ein Klischee.

Die Familie gibt es nicht. Und es geht nicht darum – und es kann nicht darum gehen – für oder gegen *die Familie* zu sein.

Richtig ist vielmehr, daß die Gemeinschaft, in der ein Mensch während seiner ersten Lebensjahre aufwächst, einen nachhaltigen, einen schicksalhaften Einfluß auf seine Persönlichkeit – ihre Wahrnehmungen und Gewohnheiten, ihre Maßstäbe und Ziele – und damit ihr gesamtes späteres Leben ausübt.

Und richtig ist, daß es heute zahlreiche Abwandlungen von *Familie* gibt – bis hin zu Gemeinschaften von Erwachsenen und Kindern, die viele Leute nicht mehr als *Familie* bezeichnen würden, und die doch die Funktion von Familie erfüllen.

Richtig ist vor allem, daß die Familie für die einen Glück bedeutet und für die anderen eine wahre Hölle sein kann. Dabei ist die Erwartung, daß die Familie dem Menschen Glück schulde, ja, daß dies ihr Hauptzweck sei, selbst oft der Grund des Unglücks.

Kommt zu dieser Erwartung die andere hinzu, daß Familien einander gleichen müssen: ein Vater von dreißig, der das Geld verdient, eine Mutter von achtundzwanzig, die den Haushalt führt, ein Sohn von sieben Jahren, der Papi beim Autowaschen hilft und eine Tochter von sechs, die mit Puppen spielt und gerne zur Schule geht – dann ist Familie ein falscher Traum, in dem weiterzuträumen so gefährlich ist wie aus ihm aufzuwachen.

Die Familie ist eine Art Heimathafen: ein Ort, der nicht gut sein muß, sondern zuständig ist – zuständig *bleibt*. Auch die schwierigste Familie hat dieses Merkmal; ihr zu entrinnen wäre sonst weder notwendig noch eine befreiende Tat. Familie, das sind wir – im Guten wie im Schlechten – selbst.

Wann soll ein Kind, ein aufwachsender Mensch, sich dessen bewußt werden? Wann soll er erfahren, welche Alternativen es zu seiner Familie gibt? Wann ist es zu spät? Wann zu früh?

Die Sprache dieses Buches läßt die Antwort offen. Zehnjährige können seine Bilder, Szenen, Dialoge und Fragen so gut verstehen wie jeder Erwachsene und daraus Folgerungen für sich ziehen. Wer darüber informiert werden will, welche allgemeinen Erkenntnisse hinter den besonderen „Illustrationen" stecken, findet erste Auskünfte im Anschluß an jede Geschichte. Die Bilder sagen vor allem: daß es wahre Geschichten sind, keine Erfindungen eines Sozialwissenschaftlers mit pädagogischem Ehrgeiz.
Was würden die Autorin und die Fotografin über unsere Familie sagen? – so fragt man sich unwillkürlich. Die Familie, von der das Buch handelt, ist also der Ort, an dem es gelesen werden sollte: als Bereicherung, Herausforderung und Trost – und ein Stück ordnender, stärkender, versöhnender Aufklärung. Die soziologische und psychologische Analyse der Familie hat die, die sie brauchen, entweder nicht erreicht oder verwirrt oder erschreckt.

Dieses Buch klärt anders über die Familie auf: durch Bilder-Geschichten, in denen man selbst wohnen und sich wandeln kann.

Hartmut von Hentig März 1977

Einführung

Es gibt heute eine Wissenschaft von der Familie, die Familiensoziologie; es gibt seit Jahrzehnten eine öffentliche Diskussion, in der sowohl vom Verfall der Familie als auch von ihrem ewigen Bestand die Rede ist. Sehr oft wird die Normalfamilie der Problemfamilie gegenübergestellt. In Wahrheit scheint Familie heute immer mehr ein Ausdruck für die Kleingruppe in unserer Gesellschaft zu werden, wie sie sich aus den Lebensbeziehungen der Menschen formt. In diesem Sinne ist jede Familie anders. Aber die Elemente der Familie, z. B. Zusammenhalt gegen die Außenwelt, Liebe, Fähigkeit zur Konfliktbewältigung, interne Rollenfixierung, Kontinuität, bleiben dieselben. Dabei kann es sich um die Kleinfamilie, die Großfamilie, die Eltern mit Adoptivkindern, die Wohngemeinschaft, die mutterlose oder die vaterlose, die seßhafte oder die herumziehende Zirkus-Familie oder um die Familie mit Pflegekindern handeln. Die familiäre Autorität wird in Frage gestellt, so wie die Rollen von Vater und Mutter sich verändern, die „vaterlose Gesellschaft" und die „Emanzipation der Frau" sind hier nur Stichworte. Die Familie wird in einer Zeit der Auflösung traditioneller Bindungen auf ihre Fähigkeit zur Zusammenarbeit immer neu auf die Probe gestellt. Zugleich erweist sie in den großen Katastrophen (von den Kriegen, Flüchtlingsströmen bis zu den Erdbeben) ihre eigentümliche Haltbarkeit. Sie ist nicht mehr die angeblich organische Zelle der Gesellschaft, sehr wohl aber die exemplarische Pflegestätte sozialer Eigenschaften.

Dieses Buch ist weder eine wissenschaftliche Untersuchung der Probleme der Familie, noch eine repräsentative Zusammenstellung familiärer Möglichkeiten. Es will nur durch Bild und beschreibende Darstellung einen Einblick in die Vielfalt dessen geben, was heute Familie ist.

Die Familien, die Elisabeth Niggemeyer fotografiert und die ich befragt habe, hatten sehr genaue Vorstellungen davon, wie sie sich selbst sehen. Wir haben von allen die Zustimmung zu dieser Veröffentlichung erhalten. Drei Geschichten stehen ohne Bilder und mit erfundenen Namen, weil diese Familien nicht in der Öffentlichkeit erscheinen wollten.

Wir haben diese sechzehn Familien ausgesucht, weil wir in wenigen Beispielen die Unterschiedlichkeit von Familie heute zeigen wollten. Natürlich ließen sich die Beispiele vermehren, und jeder einzelne neue Bericht würde neue Fragen und neue Aspekte aufweisen. Manchem erwachsenen Leser wird die Hochzeit zu traditionell, das Verhältnis von Großmutter und Enkelin zu innig und die Gastarbeiterfamilie glücklicher vorkommen als Gastarbeiter, die er selbst kennt. Wir haben die Realität so aufgenommen, wie wir sie antrafen. „Neue Zeitalter beginnen nicht auf einmal" (Bert Brecht). Die traditionsbestimmte Hochzeit auf dem Lande gibt es auch heute noch, das glückliche Verhältnis von Großmutter und Enkelin ist inzwischen durch den Tod der Großmutter zu Ende, die Gastarbeiterfamilie Küpeli bleibt trotz ihrer vergleichsweise guten Lebensumstände eine fremde Familie in Berlin, und vielleicht löst sich die Wohngemeinschaft wieder auf.

Dieses Buch ist für Kinder ab 9 Jahren und ihre Eltern und Erzieher bestimmt. Deswegen sind Fragestellungen vermieden, die Kinder in dieser Altersstufe noch nicht nachvollziehen können. Wir hoffen, daß die Kinder ihre Eltern fragen werden, wenn sie das eine oder andere auf Anhieb nicht verstehen. Deswegen werden am Schluß des Buches allgemeine Informationen zu jeder Geschichte für die Erwachsenen gegeben. Am Ende jedes Berichtes steht ein Kästchen für die Kinder mit Fragen, die ihnen die Möglichkeit geben sollen, die Probleme und Eigenart der beschriebenen Familie zu erkennen. Diese Fragen sollen es dem jungen Leser erleichtern, sich mit den aufgezeigten Situationen zu identifizieren und auseinanderzusetzen. Wir haben zu jeder dieser Familien eine persönliche, fast freundschaftliche Beziehung gewonnen. Wir hoffen, daß es uns gelingt, etwas davon auf die Betrachter und Leser dieses Buches zu übertragen.

Antoinette Becker

Eine Hochzeit auf dem Lande

„Mutti, ruf doch nochmal an wegen der Kutsche. Die müssen wirklich pünktlich sein."
„Das hat doch Manfred alles gemacht, wie sich's gehört. Laß das jetzt alles. Ich mach's schon und geht jetzt ruhig zu eurem Brautgespräch."
„Au, ist das kalt!" sagt Heidi und drückt sich an Manfred. Das Land ist ganz verschneit, und es ist klirrend kalt. Es sind wenige Menschen auf der Straße, nur einige Kinder mit ihren Schlitten. Der Pfarrer wohnt um die Ecke von Heidis Hof, am Kirchplatz bei der Dorfkirche. Manfred und Heidi heiraten in zwei Tagen.
Der Pfarrer hat Heidi Leitner vor fünf Jahren konfirmiert. Er spricht mit den Brautleuten über ihr zukünftiges Leben: „Es wird schöne, aber auch schwere Zeiten geben. Bildet eine Einheit – verzeiht einander immer."
Heidi und Manfred hören ganz still zu. Hier geht es um etwas anderes als um die Kutsche oder den Polterabend.
„Aber jetzt muß ich dir noch was sagen, Heidi", sagt der Pfarrer, „wenn du in der Kirche kniest und wieder aufstehst, paß auf, daß du nicht mit dem Absatz in dem Saum hängen bleibst, oder gar in der Schleppe. Sonst saust die ganze Pracht herunter. –
Wir gehen noch schnell in die Kirche. Soll der Weihnachtsbaum bleiben?" „Ach ja!"
„Am 21. Januar ist eure Hochzeit, da ist immer noch Epiphanie. Also, der Baum bleibt. Macht's gut! Auf Wiedersehen!"
„Du, wir müssen noch zur Tante", sagt Heidi zu Manfred.
Die Tante wohnt auch am Kirchplatz. Sie hat einen Hof mit Schweinen, Kühen und zweihundert Hühnern. Überall stehen Eierbehälter. „Die dort werden gleich vom Kindergarten abgeholt", sagt die Tante, „die kommen jeden Mittwoch. Übrigens, vergeßt das Blumengespräch nicht mit Onkel Fritz.

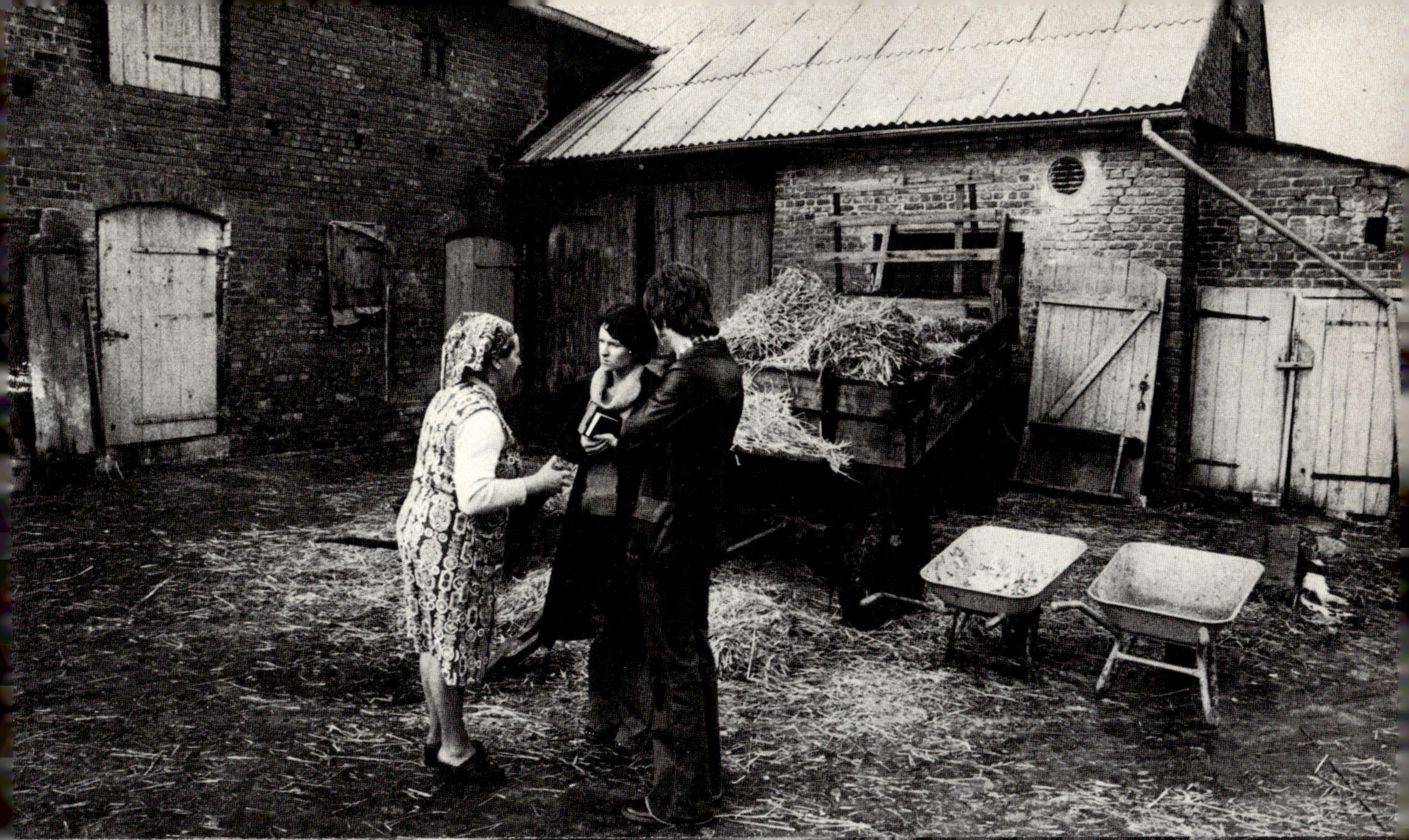

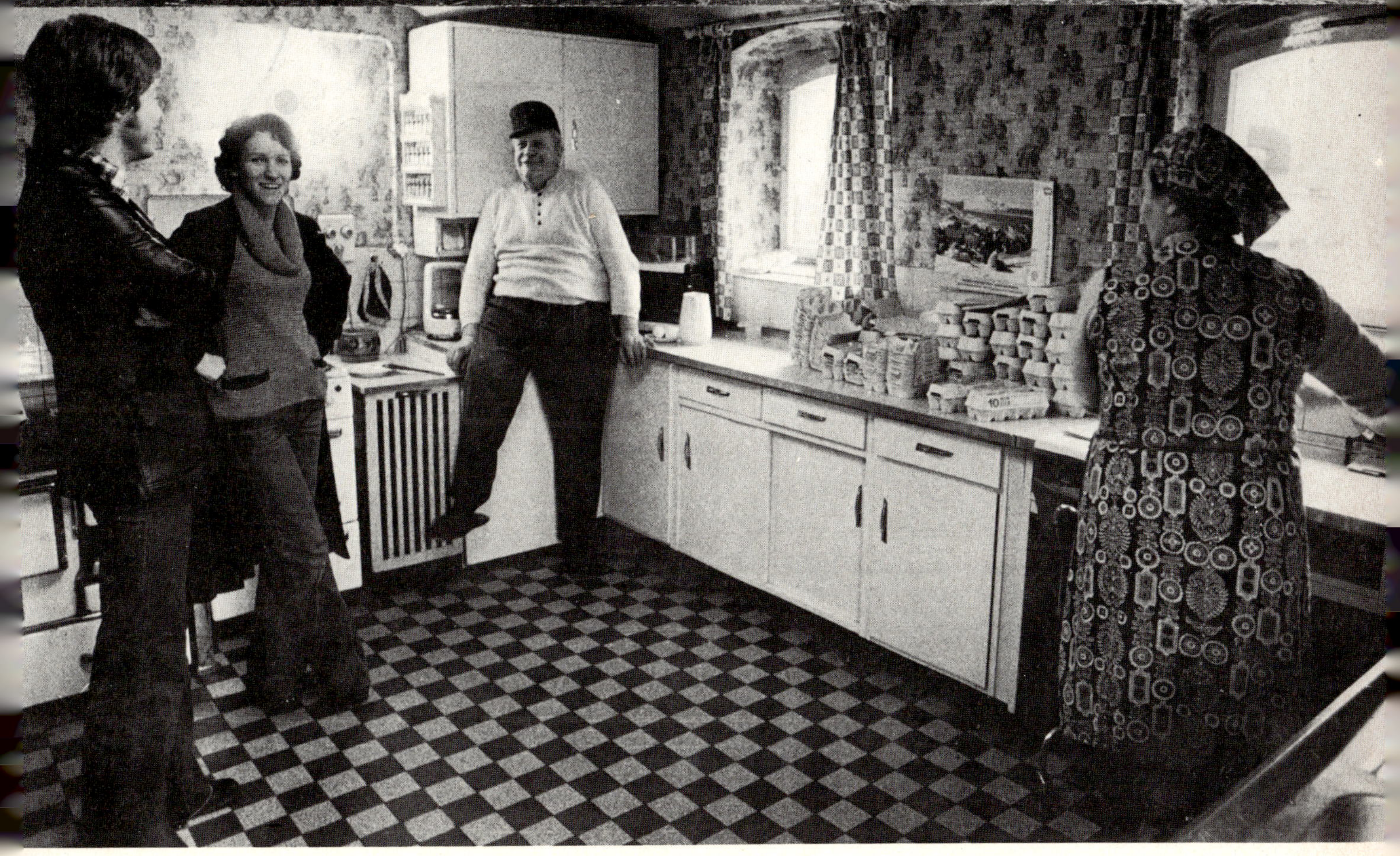

Girlanden auch für eure Stühle in der Kirche und im Gasthaus! Nicht alles auf den letzten Tag. Und noch eins, vergeßt das Familienbuch nicht."
„Haben wir doch schon." „Na dann ist gut."
Die Tante und der Onkel sind kinderlos. Sie möchten gerne, daß Detlev, der kleine Bruder von Heidi, einmal den Hof übernimmt.
„Es ist viel Arbeit", sagen sie immer, „wir hatten noch nie eine Urlaubsreise. Man kann halt nie weg. Wer versorgt die 15 Kühe, die Hühner? – Nee, nee, dat geht alles nich. Sonntag ist wie Montag. Immer weiter."
Der Onkel sitzt am Tisch und brummt etwas: „Klappt ja doch alles nicht – nur keine Aufregung." Aber seine Augen blinzeln freundlich.
„Wann kommt die Lüneburgerheide-Oma?"
„Am Donnerstag. Die brauchen wir. Wenn die da ist und Mutti dazu, kann nichts schiefgehen. Tschüs, auf bald."
„Die haben ganz schön viel zu tun", meint Heidi zu Manfred. So war's auch bei uns, als wir noch Vieh hatten."
Die Eltern von Heidi haben Bauland verkauft.

Sie haben jetzt noch viele Wiesen, Getreidefelder und einen großen Stall, den sie an Leute aus der Stadt vermieten für ihre Reitpferde. Zur Zeit gibt es einundzwanzig Pferde im Stall, die von den Städtern versorgt werden. Das Ehepaar Leitner bewirtschaftet den Hof alleine. Sie machen alle Arbeit zusammen, sie bestellen das Land, fahren Mist, heuen und ernten. Burkhard, der älteste Sohn, geht noch aufs Gymnasium. Er wird einmal den Hof übernehmen.

Am Freitag ist Polterabend in der Scheune. Die Jungens haben die Wände verkleidet und geschmückt, einen Warmluft-Ofen und die Lautsprecher für die Musik aufgebaut, Bänke und Tische für die Gäste aufgestellt und einen großen Tisch an der hinteren Wand für das Büfett.

Im Hause herrscht große Geschäftigkeit. „Es ist alles bereit", sagt die Großmutter, Frau Leitners Mutter. „Wann tragen wir denn die Platten herauf?" Die ganze Waschküche steht voller appetitlicher Dinge zum Essen: schöne

Kasseler, harte Eier, Brote mit Schinken aller Art, Kartoffel- und Heringssalat, Tomaten, Gehacktes, Käsehäppchen und Riesen-Schusterjungentorten.
„Also verhungern tun sie nicht!"
Es werden mindestens zweihundert Leute erwartet. Herr Leitner, sonst die Ruhe in Person, läuft hin und her. Der Hof ist hell erleuchtet. In einer Ecke liegen schon Scherben, damit die Gäste wissen, wo sie später Porzellan zerschlagen können. Das soll böse Geister vertreiben und Kindersegen bringen.

„Ich hoffe, die bringen keine Waschbecken und Klos", sagt Heidi, „das find ich gemein."
„Kehr ich alles gleich weg", antwortet Manfred.
„Jawoll, das muß der Bräutigam."
„Aber Oma, was machst du denn?" sagt Frau Leitner zu ihrer Schwiegermutter, einer alten Frau, die nichts mehr hört. Sie wohnt bei Leitners und wird ganz von ihnen versorgt und gepflegt. Sie war einmal die Bäuerin auf dem Hof, bis der Sohn sie 1963 ablöste und den Hof übernahm.

Jetzt steht die alte Frau auf dem Gang in einem schönen schwarzen Kleid mit Perlenkette. Sie hat das gute Kleid angezogen und will es anbehalten.
„Mit det kruse Kled kannste morgen nich gehen. Komm, Oma, aus mit der Modenschau", sagt die Großmutter aus der Lüneburger Heide energisch. „Komm, hoch die Arme! So, jetzt ziehste das Schwarze an, richtig. Und ne Jacke, so bist du hübsch. Jetzt wirste noch eingecremt, na, die duftet."
„Wat hat se nur heute? Sonst geht se um

5.00 Uhr schlafen, unsere Oma. Aber heute. Die wittert was."
„Aber jetzt müssen wir rüber. Wir gehen durch den Keller und jeder nimmt eine Platte."
„Vorsichtig! Du, Mutter, die Feuerwehr kommt und der Fußballverein und der Reiterverein und die Kollegen vom Zoll!"
Manfred arbeitet nämlich beim Zoll Tegel am Flughafen von Berlin. Früher hatte Manfred Felddienst, da ist er immer mit dem Auto bei Heidis Hof durchgefahren. So haben sich beide kennengelernt.
Burkhard ruft: „Es klappt alles – Ofen, Lautsprecher, Musikbox, es kann losgehen!"
In der Scheune wird's warm. Herr Leitner spricht mit Gästen aus der Lüneburger Heide.
„Meine Frau kommt von dort. Mit der kann ich alles: misten, tanzen, heuen, reisen! Es gibt nichts, was die nicht kann!"
„Achtung", sagt ein Vetter von Leitners. „Achtung, volles Programm", und rauscht mit einem Tablett vorbei, voll mit gefüllten Schnapsgläsern. Es kommen immer mehr Leute. Das Geklirre auf dem Hof hört nicht auf, die Gäste werfen Geschirr nach Herzenslust. Der Bräutigam fegt die Scherben unermüdlich in die Ecke.
„Ordnung muß sein", sagt er zu einem alten Mann, der etwas unsicher auf den Beinen steht. „Laß ihn doch", ruft Burkhard, „der ist nicht mehr alleene", d. h. der hat etwas zu viel getrunken. In der Scheune geht's laut und fröhlich zu. Das ganze Dorf ist gekommen und spricht dem guten Essen kräftig zu.
Die Oma aus Lübars ist plötzlich auch da. Sie sitzt zwischen zwei jungen Burschen. Es wird ihr ein voller Teller gebracht. Sie flüstert: „Etwas mehr Hackfleisch und Butter und viel Milch." Langsam und sorgfältig ißt sie und benützt ihre Serviette, würdig, etwas abwesend und einsam durch ihre Taubheit.

Gegen Mitternacht läuft ein junger Mann herum. Er ist ein Schulfreund von Heidi und kennt die Sitten und Gebräuche.
Er kommt auch von einem Hof. „Nach Hause, jetzt geht's nach Hause, um Mitternacht muß abgebrochen werden, die Braut hat sonst kein Glück fürs ganze Leben, nach Hause, nach Hause!"
Und tatsächlich löst sich die ganze fröhlich-lärmende Gesellschaft auf und geht.

Die Scheune ist leer, der Lautsprecher abgestellt, die Familie räumt auf. Die Pappteller, die Pappbecher, das Plastikbesteck werden weggeworfen, die Reste vom schönen Büfett sorgfältig in den Eisschränken und in der kalten Waschküche versorgt. Die Lüneburger Großmutter ist die tüchtigste und zeigt wieder einmal, wie gut sie überlegen und disponieren kann.
Heidi ist müde und aufgeregt. „Wie schnell so was vorbeigeht", sagt sie. „Mutti, es war herrlich, es hat allen gefallen.
Weißt du, was Frau Böll gesagt hat, als ich sie aufgefordert hab, ans Büfett zu gehen? – Nein danke, wir haben schon zu Hause gegessen. – So was, wenn man zum Polterabend geht!"

Nachts klärt sich der Himmel auf. „Au, der Mond", denkt Heidi, die wach im Bett liegt. Vielleicht wird es schön morgen. Warum nur der Hund so jault. Ach, ich kann nicht schlafen", und sie dreht sich zum zwanzigsten Mal auf die andere Seite. Dann liegt sie wieder still und denkt an die Hochzeit: Manfred, Mutti, Manfred, der Pfarrer, Blumen, Manfred, das Brautkleid, der Hund, der Mond, der Mond, der M . . .

Am Hochzeitstag ist alles früh auf den Beinen. Es klingelt pausenlos. Blumen werden gebracht, Töpfe, Sträuße, Gebinde. „Ein richtiger Blumenladen", sagt die Tante.
„Geh dich noch ausruhen, Heidi, du brauchst deine Kräfte heute."
Um 10.00 Uhr geht die engste Familie mit den Brautleuten und ihren Trauzeugen aufs Standesamt. Dort erklären beide Brautleute vor dem Standesbeamten, der den Staat vertritt, daß sie einander heiraten wollen. Von da an gelten sie als verheiratet.
„Für mich", sagt die Großmutter, „gilt die kirchliche Trauung. Dann ist es erst richtig."
Vater und Mutter sind sehr bewegt. So hat Heidi ihren Vater noch nie gesehen.
Sie denkt: „Es hat sich doch nichts verändert, Vater, nichts."
Und doch gehört sie jetzt zu ihrem Mann, Manfred, und heißt Frau Hepf. Sie unterschreibt Heidemarie Hepf, geborene Leitner. Das ist schon seltsam. Zu Hause wird ein Glas Sekt getrunken. „Das tut gut, Vater, du bist ja ganz weiß."

Gegen zwei Uhr wollen sich alle anziehen. Detlev kommt angeschossen: „Mutter, der Knopf ist ab."
„Laß ihn dir von Lina annähen."
Burkhard kommt und sagt aufgebracht: „Die Hose ist mir zu klein, die kann ich nicht anziehen."
„Der Burkhard hat gesagt, meine Hose ist lächerlich", jammert Detlev.
„Gott, wenn du die Schuhe anhast, ist sie ganz richtig", antwortet die Mutter. „Ich muß jetzt die Wäsche für Vater richten, das ist er so gewöhnt. Dann komm ich und steck dir den Schleier auf, Heidi."
Heidi steht vor dem Spiegel ganz in Weiß und probiert, den Schleier mit der Krone auf ihrem Kopf festzustecken.

„Heidi, etwas mehr nach vorne. Jetzt siehst du niedlich aus. Ich steck ihn dir noch fester, damit du ihn nicht plötzlich verlierst", sagt die Mutter.
„Au, du pickst mir ja die Nadel in den Kopf."
„Wo ist der Brautstrauß?" fragt Mutti.
„Wo ist der Brautstrauß?" sagt Großmutter.
Der Brautstrauß fehlt immer noch. „Also die, das ist gemein, einen so auf die Folter zu spannen."
„Da kommt die Kutsche. – O Gott, sie fährt vorbei. Wissen die nicht, wo wir wohnen? Fahr ihnen nach."
„Ach, die kommen schon", sagt Vati.
„Mutti, wie soll ich denn noch pullern mit dem Kleid und dem Schleier?"
„Wenn's nicht geht, bringe ich dir einen Eimer", sagt Großmutter streng, „mit voller Blase heiratet man nicht."
„Hörst du die Pferde, Mutti?"
Die Reiter vom Reitklub kommen schon. Im Hof stehen drei Reiterinnen und drei Reiter in eleganten Reitanzügen und halten ihre frisch gestriegelten, unruhigen Pferde. Sie werden vor der Kutsche im Schritt gehen. Das Wetter ist klar, die Sonne scheint.
„Wo ist nur die Kutsche?" jammert Heidi.
„Sie kommt, sie kommt. Sie ist nur einmal den Weg im voraus gefahren, um zu sehen, ob er fahrbar ist."
„Der Brautstrauß ist auch da", ruft Manfred, der zu seiner Frau möchte.
„Du darfst nicht herein, Manfred. Erst wenn ihr das Elternhaus verlaßt", sagt Oma Lüneburg.
„Oma Lübars muß noch frisiert werden; sie hat sich nochmal hingelegt und ist ganz zerzaust. So was."
„Mutti, zeig mir doch noch das Bild von deiner Hochzeit", bittet Heidi. „Ich war achtzehn damals", sagt Frau Leitner, „da laufen wir, mit dem Hochzeitszug. Hier mußten wir

14

15

das Band durchschneiden und Geld, Pfennige hinwerfen, damit wir durchgehen durften. Das ist so Sitte bei uns. Hier ist meine Mutter, unsere Großmutter. Sie war immer schon stramm. Sie geht jetzt noch in die Pilze, harkt und buddelt und arbeitet hart. Da, hier ist Opa. Nun ja, der ist gestorben. Da ist Oma Packerin in der Maizena-Fabrik geworden. Jetzt geht sie nicht mehr. Sie steht früh um halb sechs auf, versorgt Haus und Hof. Dann geht sie rüber und bringt ihren Enkel zur Schule, macht den Haushalt der Schwiegertochter, die ihren Hof bewirtschaftet, und geht heim. Mittags holt sie den Jungen wieder ab."

Dann endlich verläßt Heidi am Arm von Manfred das Haus, hinter ihr die ganze Familie. Auf dem Kirchplatz wartet das ganze Dorf und bestaunt das Brautpaar, die Kutsche und die Gäste, die ein Spalier bilden. Es ist ein Geraune und Getuschel; die Kleider werden bewundert, kritisiert. Zwei Kinder streuen Blumen, und langsam schreitet das Brautpaar in die Kirche. Vorne am Altar steht der

17

18

Pfarrer. Plötzlich ist es ganz still.
„Herzlich willkommen", sagt der Pfarrer.
„Möget ihr Ruhe und Friede am Traualtar finden.
Die Unruhe der letzten Tage möge von euch allen abfallen, damit wir einen richtigen Gottesdienst feiern können.
Ihr habt euch den 23. Psalm aus dem Alten Testament ausgesucht, der für unser ganzes Leben seine Bedeutung behält. Heute bei der Hochzeit, morgen und später:

Der Herr ist mein Hirte.
Mir wird nichts mangeln.
Er weidet mich auf einer grünen Aue und führt mich zum frischen Wasser.
Er erquicket meine Seele; er führt mich auf rechter Straße um seines Namens willen. Und ob ich schon wanderte im finstern Tal, fürchte ich kein Unglück; denn du bist bei mir, dein Stecken und Stab trösten mich. Du bereitest vor mir einen Tisch im Angesicht meiner

Feinde. Du salbest mein Haupt mit Öl und schenkest mir voll ein.
Gutes und Barmherzigkeit werden mir folgen mein Leben lang, und ich werde bleiben im Hause des Herrn immerdar.

Liebe Heidi, lieber Manfred", spricht der Pfarrer, „liebe Gemeinde, wir haben uns hier unter dem Wort Gottes versammelt. Gehört dieser Gang wirklich zu euch, oder nur zur Tradition? Eure schöne Hochzeit mit Kutsche, Dorfkirche, Verwandten; die dörfliche Idylle ist wie eine Bilderbuchhochzeit. –
Dies alles ist wie auf einer Bühne mit Schauspielern, die eine Rolle spielen; auch ich, der Pfarrer, spiele eine. Du, Heidi, du wurdest hier konfirmiert. Ich kenne euch beide. Ihr würdet bei einem solchen Theaterstück nicht mitmachen. Aber es ist kein Spiel, die Wirklichkeit eures Lebens steht vor uns. Die festlichen Äußerlichkeiten dürfen nicht mehr sein als ein entbehrlicher Schmuck.

Wir bitten um den Segen Gottes in den kleinsten Dingen des Alltags. Jeder Tag ist ein Geschenk aus der Hand Gottes. Auch der Mensch, den man sich ausgesucht hat, kommt aus der Hand Gottes." Der Pfarrer spricht eine Weile zu dem Brautpaar und schließt mit den Worten:
„Gott will euch nicht verlassen. Amen."
Während die Orgel spielt, kniet das Brautpaar am Altar. Der Pfarrer spricht jetzt wieder zu den Brautleuten. Zuerst fragt er den Bräutigam:

„Manfred Hepf, willst du mit Heidemarie Hepf geb. Leitner vor Gott den Bund der Ehe eingehen, bis der Tod euch scheidet, so sprich: Ja" – und Manfred antwortet laut und deutlich: Ja.
Die gleiche Frage stellt er an Heidi:
„Heidemarie Hepf geb. Leitner, willst du mit Manfred Hepf vor Gott den Bund der Ehe eingehen, bis der Tod euch scheidet, so sprich: Ja." Das Ja von Heidi ist bestimmt, aber sehr leise.

„Gebt euch die Trauringe."
Heidi streckt den Ringfinger der rechten Hand Manfred entgegen, der ihr den Trauring, einen glatten, schmucklosen Goldring überstreift. Heidi tut dasselbe an der rechten Hand ihres Mannes und lächelt ein bißchen, weil es nicht so leicht geht.
Jetzt sind Heidi und Manfred Eheleute. Der Pfarrer segnet sie.
Als Heidi sich setzt und ihren Schleier ordnet, streift ihr Blick ganz kurz die erste Bank. Sie sieht, daß ihr Vater ganz blaß ist, daß Mutti und Oma Lüneburg weinen. Oma Lübars aber sieht fast heiter aus. Ein ganz kurzer Augenblick nur, doch Heidi schnürt es die Kehle zu. Dann schaut sie zu Manfred, der sie anlächelt. Sie sieht, daß er sich beherrscht, um ruhig und gelassen zu sein. Etwas mechanisch erheben sie sich, um langsam durch den Mittelgang der Kirche zu schreiten.
„Daß alle einem so ins Gesicht schauen müssen", denkt Heidi, aber sie lächelt, drückt

Hände und steigt in die Kutsche mit ihrem Mann Manfred, der Brautjungfer und dem Brauthelfer.

„Daß alles schon vorbei ist", sagt Heidi halb zu sich, halb zu Manfred.

„Jetzt fängt's erst an", antwortet er und schaut ihr in die Augen. Dann zieht die weiße Kutsche, die Reiter voran, hinter ihr eine lange Schlange Autos, langsam durch das verschneite Land.

Im schön geschmückten Landgasthaus erwartet sie die prächtig gedeckte Kaffeetafel. Es dunkelt schon. Alle sind da, auch der Pfarrer und seine Frau. Es ist herrlich warm und gemütlich, der Hochzeitsmarsch wird gespielt, die Gäste und das Brautpaar setzen sich. Hier werden sie die nächsten zehn Stunden miteinander feiern. Plötzlich wenden sich Manfred und Heidi zueinander, schauen sich an, fassen sich an den Händen und küssen sich zärtlich.

Vieles hat sich auf dem Land verändert. Auch hier in Lübars, einem Dorf in der Nähe von Berlin.

Die Bauern lassen z. B. Ferienwohnungen ausbauen. Es gibt jetzt eine Ölheizung, eine Waschmaschine, ein Fernsehen, warmes Wasser. Es gibt bei den meisten keine Kühe, keine Schweine und keine Hühner mehr. Nur zwei Pferde stehen im Stall, damit die Feriengäste reiten können. Das ist auch ganz schön teuer. Die Felder sind zum Teil als Bauland verkauft. Es gibt noch zwei Großbauern im Dorf, die haben sich modernisiert und spezialisiert. Das heißt, sie haben viele Maschinen, und der eine hält nur Schweine, der andere hat eine Hühnerfarm. Das lohnt. Davon kann man leben. Der Sohn der Bäuerin wird Ingenieur. Er will nicht Kleinbauer werden. Er findet es gut, daß sich die Mutter umgestellt hat. Sie verdient mehr und muß weniger arbeiten.

Wie findest du diese Veränderungen? Hast du ein anderes Bild vom Leben auf einem Bauernhof? Ist unsere Hochzeit auf dem Lande nur eine schöne Geschichte?

Weißt du, daß es auch sehr arme Höfe in abgelegenen Gebieten gibt, wo sich Menschen abmühen, um ihren Lebensunterhalt zu verdienen, bei denen es kaum Technik gibt.

Oliver

Oliver sitzt mit seinen sieben Freunden am Tisch und ißt sein Mittagessen. Er weiß nicht, ob es ihm schmeckt und ob er überhaupt essen will. Beatrix, die Kindergärtnerin, zwingt niemanden. Oliver kommt gerne hierher. Heute morgen hat Helmut, Olivers Vater, ihn in den Kinderladen gebracht. Oliver mußte ganz leise aufstehen, denn Anne, seine Mutter, schlief noch; sie hatte Nachtdienst.
„Du, leise, Anne schläft." Oliver weiß, wenn seine Mutter Nachtdienst hatte, muß er leise sein. Er duscht sich mit Helmut, zieht sich alleine an und frühstückt mit Helmut. Beide flüstern.

Oliver kann ein Kunststück: ganz leise lachen. „Du, los, wir müssen fahren." Helmut bringt Oliver in seinen Kinderladen. „Um vier Uhr hol' ich dich ab, tschüß."
Am Nachmittag, als Oliver gerade mit Rike ein Buch anschaut, kommt Helmut.
„Du, Oliver, wir fahren zuerst noch in die Bibliothek." Oliver muß sich etwas beeilen, das mag er nicht. Er geht aber gerne mit Helmut in die Bibliothek der Pädagogischen Hochschule.
Auch da muß er leise sein. Helmut sucht sich die Bücher für sein Studium heraus. „Helmut wird Lehrer", sagt Oliver manchmal zu Rike, „er muß lesen. Weißt du, lernen ist halt lesen, und dann weiß er, was er den Kindern in der Schule erzählen soll."
„Oliver, hier hast du ein Buch, komm, setz dich zu mir."
Oliver schaut sich ein Buch über Filme und Fernsehen an. „Was ist denn das für einer?" sagt er ziemlich laut. Helmut legt einen Finger auf den Mund. „Nachher erzähl ich dir davon, das sind Schauspieler."

Oliver lutscht am Finger, schaut sein Buch an und wartet. „Lesen" ist in den Büchern drin, und das muß jetzt in Helmuts Kopf. Das weiß Oliver genau. Manchmal fährt Helmut auch mit einer Reisegesellschaft als Reiseführer durch Berlin. Helmut muß Geld verdienen für sein Studium und um mit Anne und Oliver leben zu können.
„Komm, wir gehen", sagt Helmut.
Oliver ist plötzlich ganz ungeduldig. Er will nach Hause. Dort, wo die großen Hochhäuser, diese erschreckenden Türme stehen, in denen man sich verlieren kann, dort wartet Anne. Jetzt ist sie bestimmt auf.
„Du, laß mich noch ein bißchen auf dem Bordstein laufen." Helmut führt Oliver, er spielt sogar ein schönes Spiel: auf dem Bordstein herauf- und herunterspringen. Helmut fängt Oliver immer auf. Oliver fühlt sich ganz sicher. Helmut hat immer herrliche Ideen.
In der Wohnung liegt Anne auf dem Matratzenbett, das abends zusammengesetzt wird, wenn sie schlafen gehen. Die Wohnung ist nämlich sehr klein, aber Helmut hat sie sinn-

voll eingeteilt: das größere Wohn-Schlafzimmer ist für die Eltern, und das kleinere Zimmer ist für Oliver. Vor der Küche gibt es ein winziges Eßzimmer, wo gerade ein kleiner Tisch und vier Stühle Platz haben. In der Küche ist es zu eng, dort paßt kein Tisch hinein. Helmut hat das so eingerichtet, daß alles seinen Platz hat: die vielen Bücher, der Arbeitsplatz von ihm und Anne, der Plattenspieler und das Radio, die Zeitschriften. Oliver ist glücklich, daß sie jetzt alle drei zusammen sind. Er erzählt Anne, was er im Kinderladen gemacht hat, und dabei lacht er aus vollem Halse. Beide Eltern hören zu. Die Stunden am Spätnachmittag gehören Oliver. Anne hat heute nacht wieder Nachtdienst. Sie ist Krankenschwester in einem Krankenhaus für Nervenkranke. Oliver muß plötzlich zu Anne, ganz nah. Er kuschelt sich und genießt es, so still zu sitzen und zuzuhören, was Helmut erzählt und gleichzeitig Anne zu fühlen und sich streicheln zu lassen.
„Ich will jetzt sägen", sagt Oliver. Er geht in die kleine Küche. Dort hat ihm sein Vater ein

Brett aufgestellt, an dem er basteln kann. In dieser Küche darf er auf die weißen Flächen malen. Der Herd und die Waschmaschine sind voller Werke von Oliver. Helmut hilft Oliver beim Absägen eines Holzstückes.
„Anne, nachher spielen wir noch ‚Fang den Hut'! Bitte, einmal", sagt Oliver. Alle drei hocken sich auf den Boden. „So ist es am gemütlichsten", sagt Oliver.
Das Spiel ist noch nicht zu Ende, als Anne gehen muß. Sie hat Dienst.
„Oliver, du spielst für zwei gegen Helmut."

Oliver ist ziemlich böse. „Warum?" fragt er. „Du, die Patienten warten."
Anne versorgt die ganze Nacht die Kranken, sie richtet Spritzen, sie gibt welche. Sie räumt Medikamente auf, sie wäscht die Kranken, spricht mit ihnen, beruhigt sie.
„Warum schlafen sie denn nicht?" fragt Oliver. Er weiß aber, daß Anne gehen muß. Ihre Arbeit ist hart und dauert bis um 6.00 Uhr früh. Wenn Anne morgens zurückkommt, ist sie sehr leise, um Helmut und Oliver nicht zu wecken.

„Ich will noch in meinem Zimmer spielen", sagt Oliver, als seine Mutter gegangen ist. Oliver hat ein aufregendes Zimmer. Helmut und Anne haben es eingerichtet. Sie haben alles selbst gemacht. Oliver muß nicht lange suchen: Es gibt große, stoffbezogene Persiltrommeln für Bauklötze, für Papier und geliebten Kram. Auf einem Tisch ist Platz für die Eisenbahn, das große Schienennetz und ein Dorf. Dieses Zimmer ist Olivers Welt und Helmut ist ein guter Spielkamerad.
Als Oliver ins Bett geht, sagt Helmut:

„Du, ich geh noch schnell zu Horst. In zwei Stunden bin ich zurück. Das Telefon lege ich um."
Durch ein eingebautes System kann der Apparat so gestellt werden, daß der Hörer offen liegt und Oliver jederzeit die Nachbarin rufen kann. „Probier mal gerade, ob es geht", sagt Helmut.

Sonntags ist es anders. Oliver spielt morgens in seinem Zimmer und wartet, bis er hört, daß die Eltern aufgewacht sind. Dann gibt es ein

30

Bettfest, wie alle Kinder es mögen – schmusen mit Helmut, schmusen mit Anne.
„Jetzt machen wir ein schönes Frühstück, ein ganz, ganz langes, und dann gehen wir an den See im Park", sagt Anne.
Oliver weiß, daß der Sonntag ihnen allen dreien gehört. Oliver geht mit den Eltern ins Restaurant: Anne soll heute nicht kochen.
Er hat so viel herumgetobt, daß er müde ist.
„Ich hab keinen Hunger, ich will nicht warten, ich will nach Hause, ich hab Durst."
„Du, Oliver, wir drei sind jetzt im Restaurant, wir wollen essen, weil wir hungrig sind. Komm, mach mit. Wir wollen nicht alles stehenlassen."
„Aber ich will raus." Er gibt aber doch nach und beruhigt sich. Als sie nach Hause kommen, machen sie vor einer der vielen Türen halt. Helmut schließt auf.
Auf dem Schild bei der Klingel stehen drei Namen:

  Oliver Nitschke
  Anne Nitschke
  Helmut Nitschke

Es gibt viele Eltern, die nur ein Kind haben wollen oder können. Ein Kind allein braucht nicht zu teilen, auch nicht die Eltern. Glaubst du, daß es immer leicht ist, die Eltern ganz für sich zu haben? Glaubst du, daß ein solches Kind sich manchmal einsam fühlt und es schwer haben könnte, mit anderen auszukommen? Oliver ist glücklich und zufrieden. Er braucht kein Egoist zu werden, wenn die Eltern vernünftig sind – ihn nicht überfordern oder ihm nicht immer nachgeben. Kannst du dir vorstellen, wie wichtig es gerade für ein solches Kind und seine Eltern ist, viele Freunde und Verbindungen nach außen zu haben?

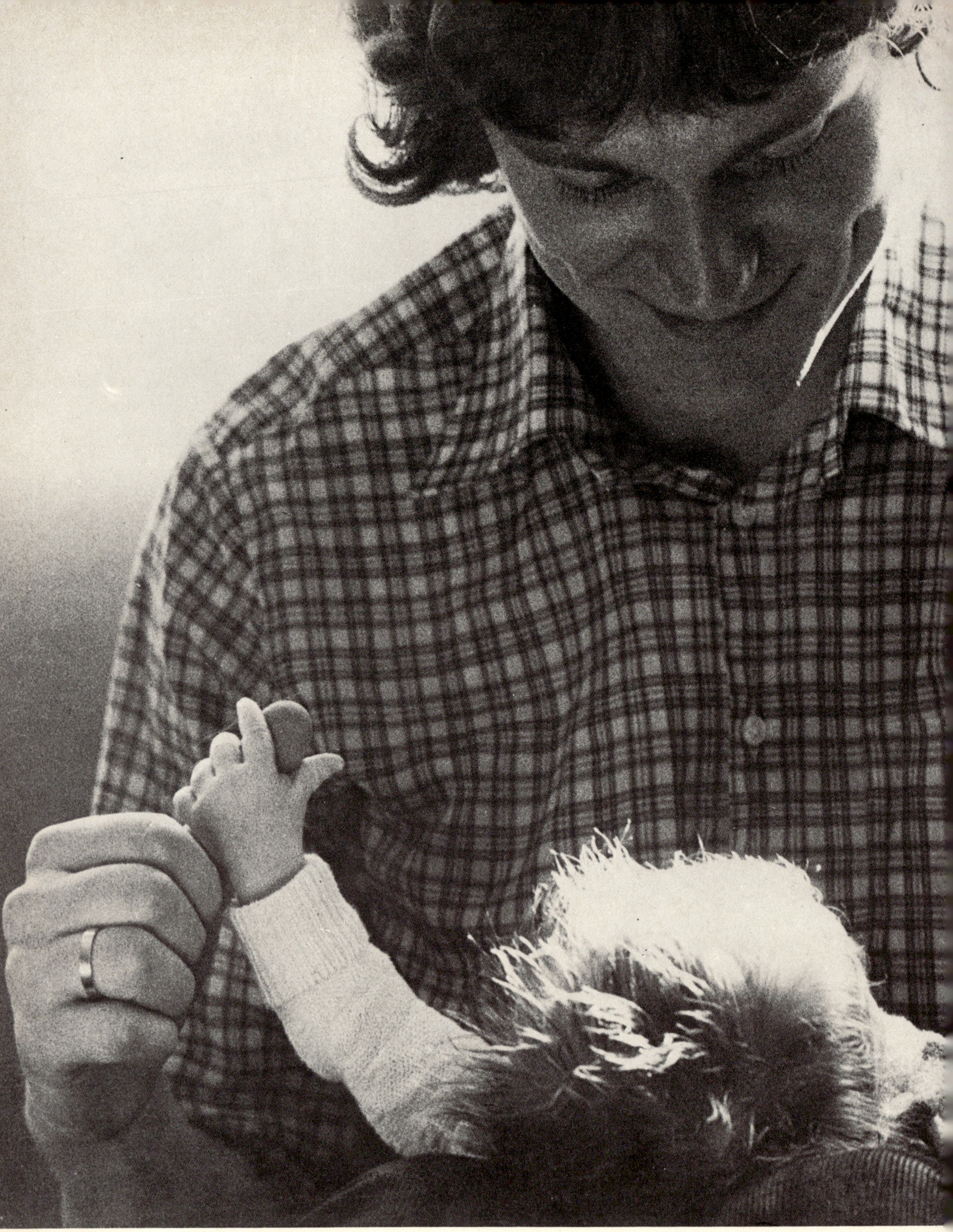

Lena

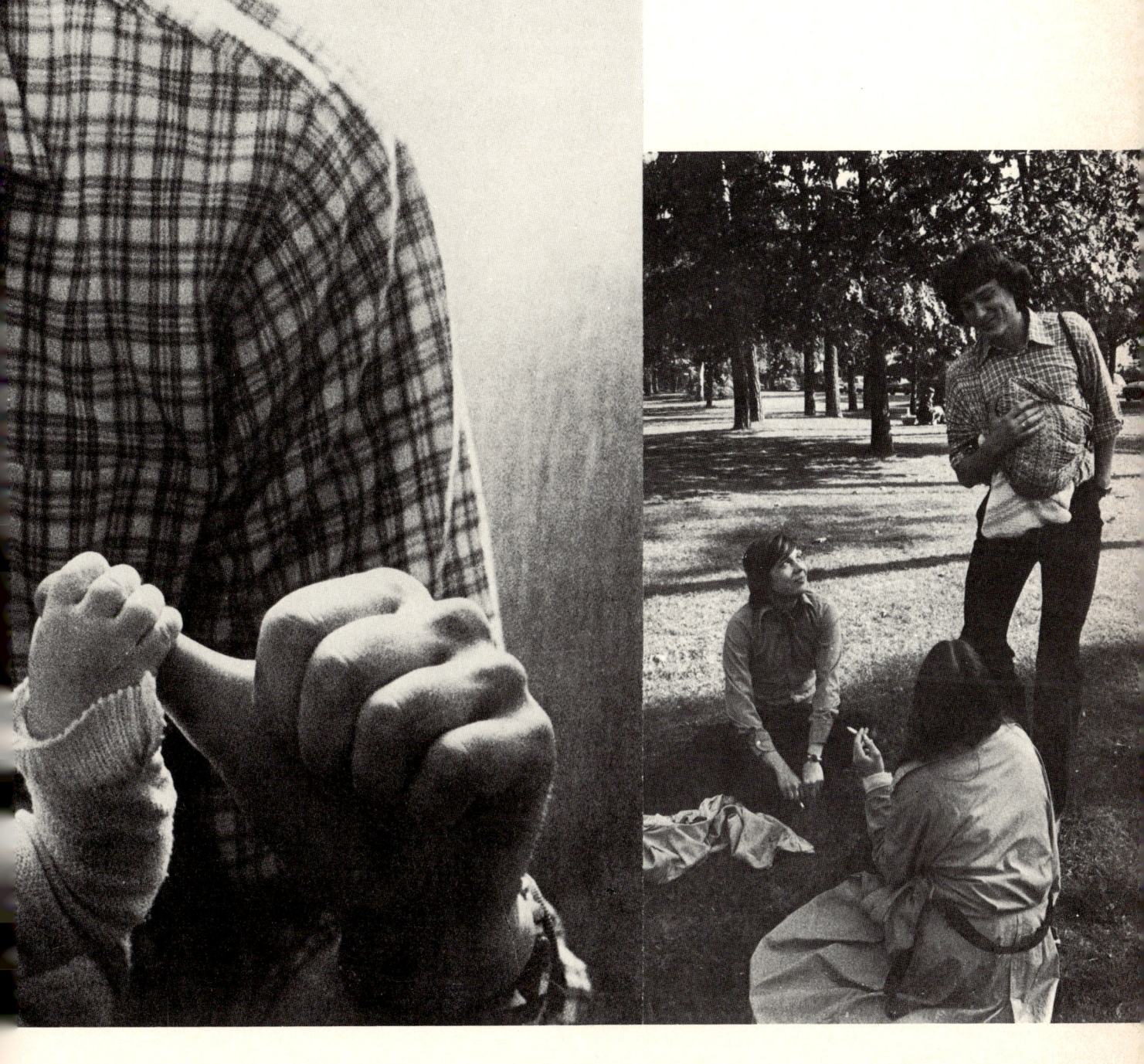

Der Deutschlehrer verteilt eine Kurzgeschichte, die er für die Schüler seiner 13. Klasse vervielfältigt hat. Ulrike wirft einen Blick auf die Uhr. Ulrike ist müde. Heute morgen schrie Lena um fünf Uhr und hatte großen Hunger, weil sie gestern die letzte Abendmahlzeit verschlafen hatte.
Lutz hat die Flasche gemacht. Während der Zeit lag Lena bei Ulrike, warm, klein und schreiend. Ulrike schiebt das Bild Lenas weg. Sie will hören, was der Lehrer sagt. Sie schreibt schnell von der Nachbarin ab. Die Schule ist zu Ende. Draußen ist es warm, Ulrike setzt sich mit einigen Mitschülern auf den Rasen und wartet auf Lutz. Vielleicht hat er die U-Bahn verpaßt? Die Wohnung ist so weit weg. Ulrike braucht jeden Morgen über eine Stunde, um zur Schule zu kommen.
Da kommt Lutz. Er trägt Lena. Als er Ulrike sieht, schiebt er zart das Baumwolltuch weg, damit Lenas Kopf frei wird. Er kniet neben Ulrike und küßt sie. Ulrike streichelt zärtlich den üppigen Haarschopf der schlafenden Lena.

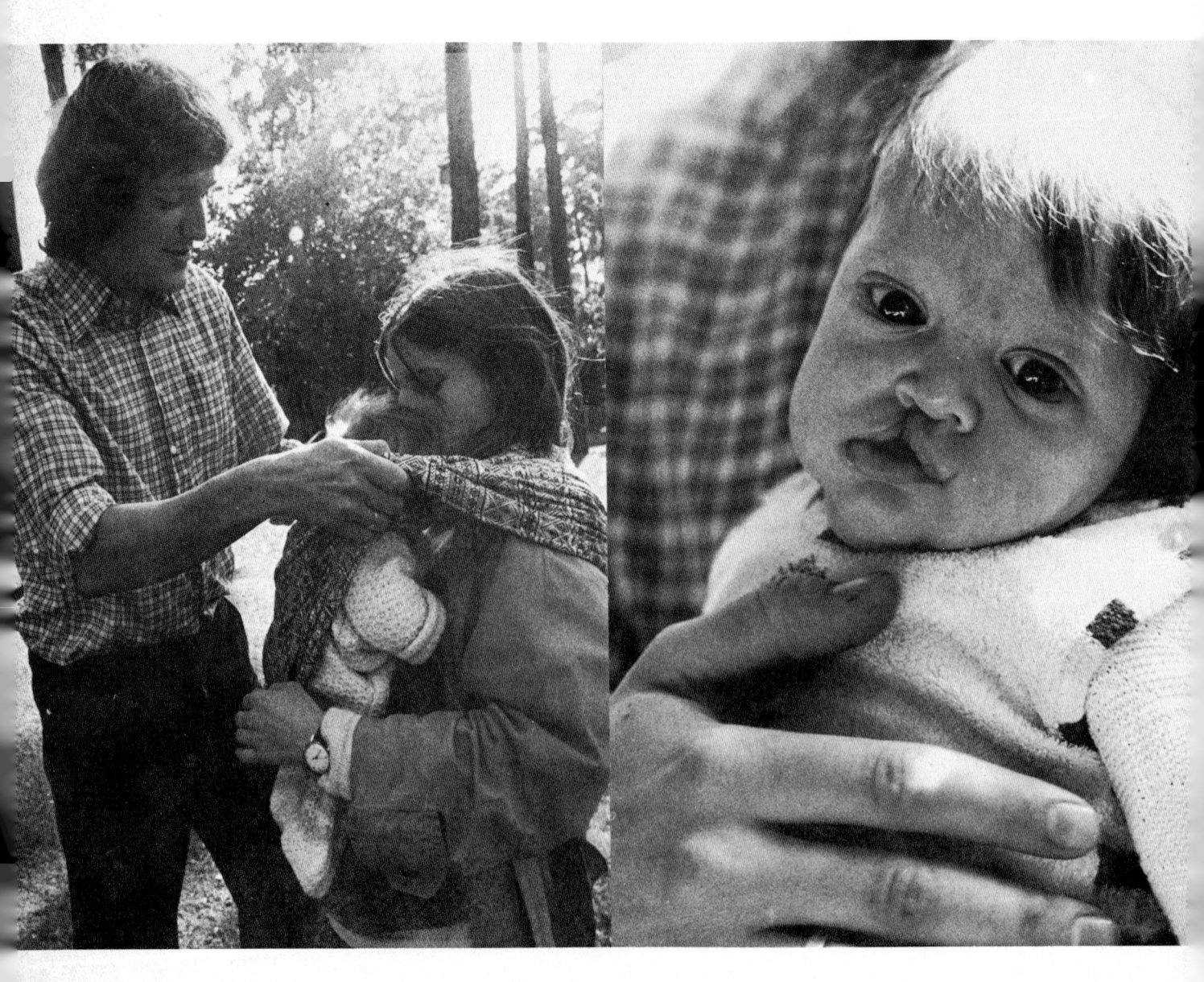

„Laß sie mich halten", sagt eines der Mädchen. „Gib sie mir", bettelt ein anderes. „Du, sie hat sich so entwickelt." „Und was sie für schöne Augen hat. Ach, wie ist sie süß. Lena! Lena?" Alle möchten Lena in den Arm nehmen. Vorsichtig lockert der Vater das Tuch und pellt die Tochter aus ihrer schützenden Hülle. „Komm, ich helf dir noch mit Lena. Ich muß mich beeilen." Lutz streift Ulrike das Tuch über und schiebt Lena in ihr Futteral – Lena verschwindet. „Tschüs", ruft Lutz. „Ich bin um sechs zurück."

„Sag mal, was haben wir denn in Mathe auf, Anna? Die ersten beiden Aufgaben oder eins und vier?"
„Eins und zwei. – Ich gehe noch mit bis zur U-Bahn."
Anna trägt Ulrikes Schultasche. In drei Monaten machen beide das Abitur.
„Tschüs – Danke!"
Ulrike wartet auf ihre U-Bahn. Lena bewegt sich.

Alle wollen Lena in den Arm nehmen.

37

Während der Schwangerschaft war Lena sehr lebendig. Das war schon ein sonderbares Gefühl für Ulrike, in der Schulbank zu sitzen und eine Arbeit zu schreiben und plötzlich das Pochen im Bauch zu spüren. Zuerst konnte es Ulrike gar nicht glauben, daß dies das Kind war. Aber dann hat es immer mehr gestrampelt, sich bewegt und seine Lage verändert.

Ulrike ist zwanzig und Lutz vierundzwanzig Jahre alt. Vor acht Wochen ist Lena zur Welt gekommen. Als die Geburt anfing, blieb Lutz bei Ulrike – das hatten sich beide gewünscht. Ulrike fühlte sich ruhig und sicher. Es ging alles ziemlich schnell. Das Kind kam ohne Schwierigkeit zur Welt. Lutz sah sofort, daß es eine Hasenscharte hatte, und er sagte es Ulrike. Die Ärzte waren böse auf ihn und baten ihn, zu schweigen. Ulrike war erschöpft, sie sah das Kind kaum. Sie durfte es nicht umarmen, es wurde sofort in einen Brutkasten gelegt und mit der Feuerwehr ins Kinderkrankenhaus gebracht. Ulrike schlief ein. Lutz hat auf dem Gang gestanden und gedacht: das ist Lena, so sieht Lena aus. Das *ist* Lena, so sieht *Lena* aus! Als Lutz Ulrike später noch einmal sehen wollte, schlief sie. Wie würde Ulrike es ertragen, daß Lena behindert ist?

Lutz hat sich in diesen Tagen besonders viel um seine Frau kümmern müssen.
„Weißt du, Lutz", sagte Ulrike, „das schlimmste ist, aufzuwachen und kein Kind zu haben. Wenn Lena wenigstens neben mir wäre."
„Bald ist sie bei uns, Ulrike. Bald. Ich gehe morgen zu ihr und lerne, wie man sie füttert."
Lena braucht Flaschen mit einem ganz langen Sauger, denn auch ihr Gaumen ist nicht zusammengewachsen, und die Nahrung könnte zur Nase herauskommen, wenn sie ungeschickt gefüttert wird.

Lutz lernte das Füttern; er war geschickt und geduldig. Die Schwestern mochten ihn gern. Er war fest entschlossen, Lena genau kennenzulernen.
Er erzählte Ulrike von seinen Entdeckungen. Je mehr er Lena kennenlernte, desto mehr liebte er sie.
Ulrike mußte das zu Hause erst alles nachholen.
Es war eine schwere Zeit für sie, besonders, weil sie bald wieder zur Schule mußte. Sonst versäumte sie zuviel für das Abitur.
Als Ulrike damals sicher wußte, daß sie und Lutz ein Kind erwarteten, war sie zum Schulleiter gegangen, um es ihm mitzuteilen. Sie war sich nicht sicher, wie die Schule sich zu der Schwangerschaft stellen würde. Die Schulleitung beriet sich mit dem Lehrerkollegium, ob Ulrike Kind und Schule bewältigen könnte. Sie beschlossen gemeinsam, daß Ulrike während der Schwangerschaft und nach der Geburt weiter die Schule besuchen sollte, um mit ihren Klassenkameraden das Abitur zu machen. Lehrer und Mitschüler haben Lutz und Ulrike geholfen, ihr Leben einzurichten, denn das junge Paar besaß sehr wenig.

Als Ulrike vierzehn Jahre alt war, verlor sie beide Eltern bei einem Flugzeugunglück. Ulrike und ihre jüngeren und älteren Geschwister lebten weiter in ihrem Elternhaus bei Hamburg. Die kirchliche Gemeinde, zu der die Familie gehörte, fand eine Pflegemutter, für die sie aufkam.
Lutz war schon damals ein Freund der Brüder von Ulrike und war öfters bei ihnen zu Hause. Später, während einer Ferienreise mit den Geschwistern, befreundeten sich Lutz und Ulrike eng. Das Elternhaus war inzwischen aufgelöst worden, es war der Gemeinde zu teuer. Die jüngeren Geschwister lebten in

Familien oder Internaten, die älteren studierten. Ulrike war auch auf einem Internat, doch sie beschloß, dort fortzugehen, zu ihrem älteren Bruder nach Berlin zu ziehen und dort auf einer Schule das Abitur zu machen. Lutz studierte schon in Berlin. Er wollte Pfarrer werden.
Die Eltern von Lutz helfen etwas mit Geld aus; er bekommt Studenten-Unterstützung, Ulrike eine Ausbildungsbeihilfe. Als sie heirateten und sich einrichteten, haben sie ein staatliches Darlehen bekommen. Das müssen sie später zurückzahlen.
Weit außerhalb des Stadtzentrums fanden sie eine große billige Wohnung, die Lutz völlig instandgesetzt hat, denn sie war ganz verkommen. Lehrer, Mitschüler, Freunde und die Eltern haben alle etwas geschenkt, hier einen Stuhl, dort einen Tisch, einen Schrank, eine Kommode – Töpfe, Tassen, Teller und vieles mehr. Lutz hat tapeziert, gestrichen, den Fußboden ausgelegt. Der Erfolg ist großartig! Manchmal gehen Lutz und Ulrike durch die Zimmer und staunen, wie schön alles aussieht, sogar das alte Badezimmer ist eine Pracht!

Lena ist inzwischen fünf Monate alt. Lutz kümmert sich viel um sie, damit Ulrike Zeit zum Lernen hat. Das Abitur rückt immer näher und Ulrike will versuchen, trotz Geburt, Kind, Haushalt ein gutes Abitur zu machen. Lutz ist mit der Arbeitsteilung im Moment völlig einverstanden. Nach dem Abitur wird Ulrike ihn entlasten, dann werden sie sich eine andere Einteilung ausdenken, damit er weiter Theologie und Ulrike Philosophie studieren kann, ohne daß Lena zu kurz kommt.
Ulrike sitzt an ihrem Schreibtisch und lernt. Lena brüllt.
„Komm, Lena, schrei nicht so", sagt Lutz, „ich richte die Flasche. Sei ruhig. – Es nervt mich schon manchmal", meint er zu einer Freundin, die zu Besuch ist, „ich verberge es auch nicht. Ich fasse Lena auch härter an. Aber ich hab das Gefühl, daß es in Ordnung ist. Es passiert was zwischen uns dreien. Aggressionen gibt es, schon ganz schöne. Aber Lena ist abgehärtet."
Dabei ist er sehr behutsam und sehr liebevoll. Er hantiert geschickt in der großen Küche herum.
„Dieses Büfett war ganz oll, ich hab's gestrichen; auf dem Tisch ist eine neue Platte. Die Tassen haben wir geschenkt bekommen. Komm, Lena, hör auf, mein Mädchen. Ich habe eigentlich keine Angst bei so einem kleinen Löwen. Das ist die Lena, die hat eine Hasenscharte. Aber sie hat Kraft in sich. Sie ist kein leidendes Kind. Ich habe nie geglaubt, daß ich Mitleid mit ihr haben müßte. Und wie sie sich entwickelt! Und was hat sie für schöne Haare. So ein Schopf!"
Lena saugt an ihrem langen Schnuller. Sie trinkt und liegt danach auf Lutz' Brust. „Nun rülpse mal schön!" Lena stößt auf.
Danach liegt sie friedlich und frisch gewickelt in ihrem kleinen rosa Zimmer.
Da bellt plötzlich der Hund.
„Das ist mein Hund. Der ist ein bißchen traurig. Ich hab zu wenig Zeit für ihn . . .", meint Lutz.
„Filli, komm, ruhig, sitzen – jetzt gibt's Lena, das mußt du verstehen.
Alle drei Tage nehme ich das Rad und fahre wie ein Wilder durch die Gegend – Filli hinterher.

Morgen gehen wir alle drei in die Klinik. Wir haben einen sehr guten Arzt. Lena wird zum ersten Mal operiert. Ein Teil der Oberlippe wird herübergezogen, so daß sich der Spalt schließt." Vor dem Arztzimmer sitzt ein

40

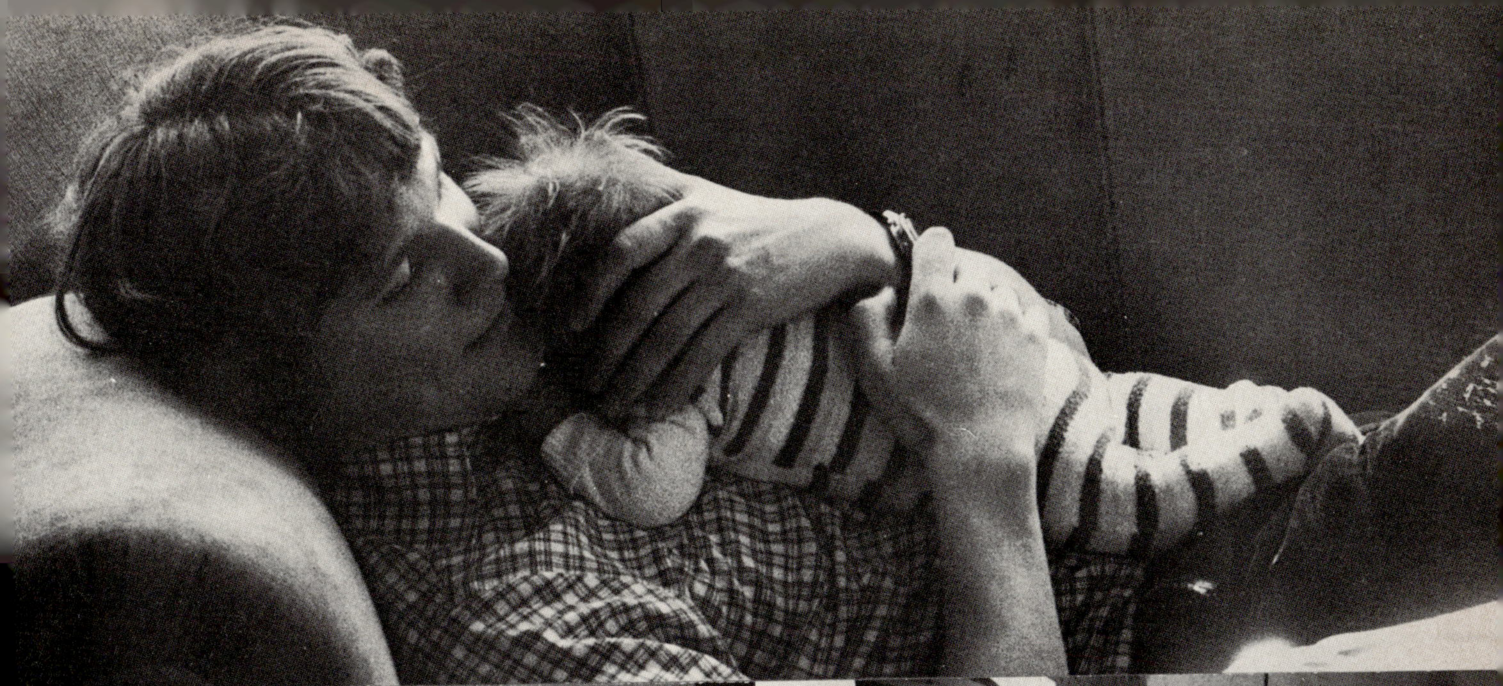

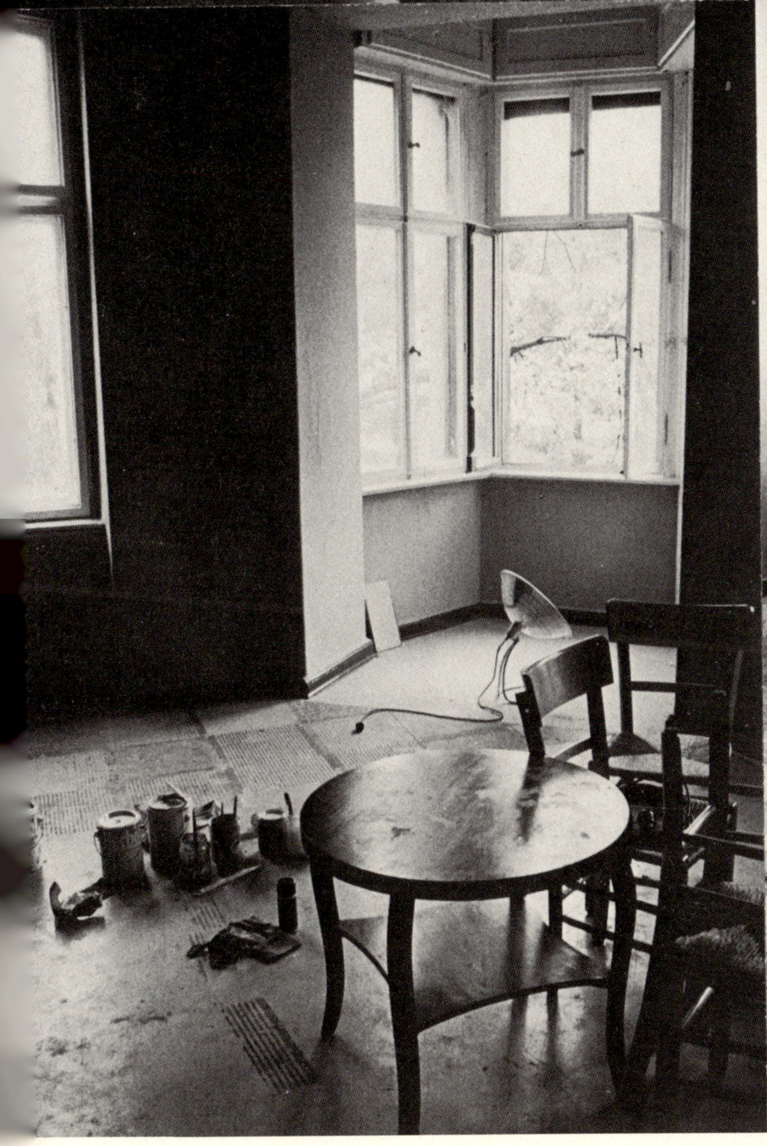

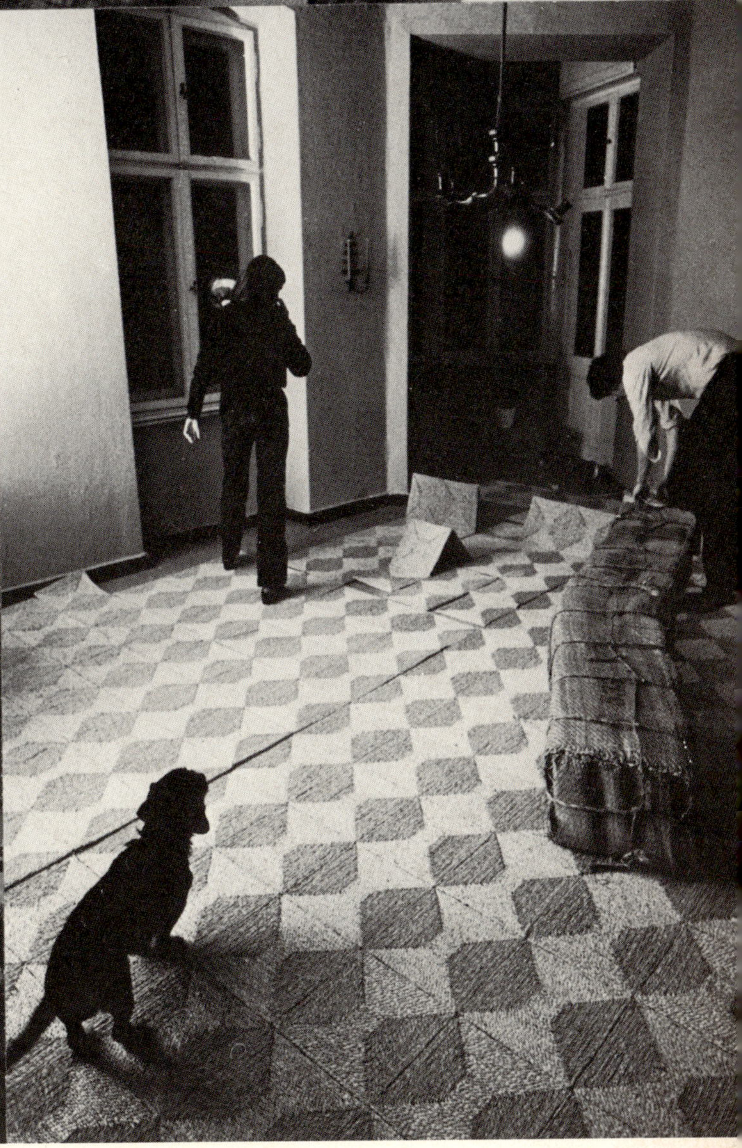

Mann mit seiner Tochter. Sie ist mit Erfolg an einer Hasenscharte operiert worden.
Der Arzt hat lange mit ihnen gesprochen. Auch mit Lena war er sehr liebevoll und hat mit ihr geredet. Seit der Geburt hat sich vieles schon verwachsen. Mit anderthalb Jahren wird sie noch einmal operiert, da wird die Spalte im Gaumen mit einer Platte überdeckt. Der Arzt macht nur, was nötig ist, er will auch die Natur walten lassen. „Wir haben keine Angst vor diesen Operationen. Ich bin ja ein Bär. Für Lena wird es hart", sagt Lutz.

Inzwischen ist Lena mit Erfolg operiert worden. Ulrike wußte, was auf sie zukam. Dennoch hat sie sehr gelitten, als ihr „kleiner Löwe" leidend in der Klinik lag und man einige Tage geduldig und untätig warten mußte. Alles ist gutgegangen. Als Lena eine kleine Grippe bekam, hat sie Lutz kurz entschlossen nach Hause geholt: „Sie muß zu uns nach Hause, dann schafft sie es schneller." Und Lena hat es geschafft.

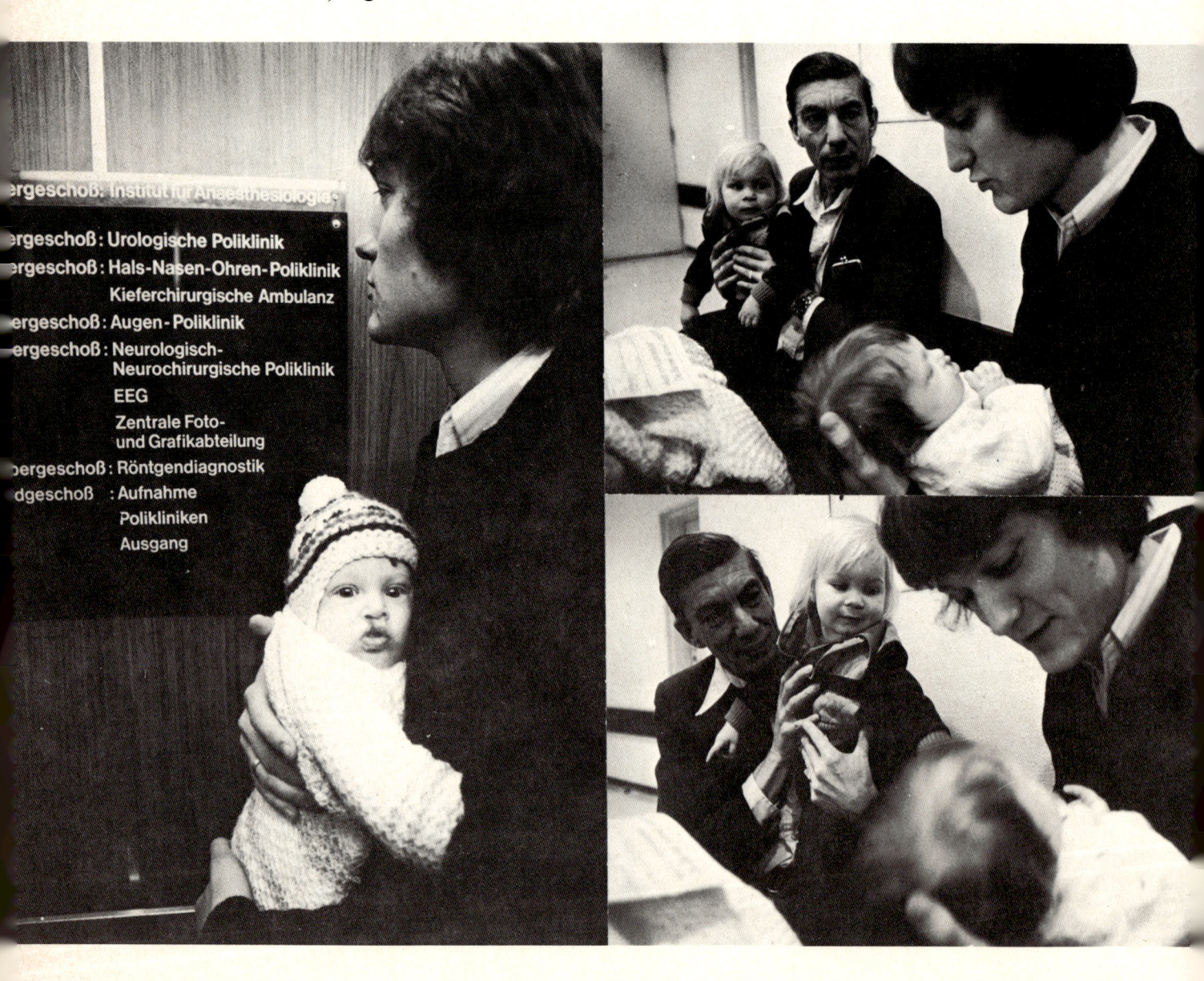

Es ist schön zu wissen, daß Lutz und Ulrike sich so gut verstehen. Es verlangt aber sehr viel Kraft von beiden, die in einem Alter sind, in dem man viel mit sich zu tun hat. Sie können nicht mehr nur für sich selbst denken.
Lutz möchte vielleicht einmal mit der Arbeit aussetzen, Ulrike vielleicht eine Weile ganz für sich sein, beide möchten einmal ohne ständige Verantwortung sein. Beide lieben ihr Kind, aber die Behinderung von Lena ist eine besondere Last für alle drei. Es ist schwer, wie Lutz zu sagen: Das ist Lena, so sieht Lena aus – anstatt sich immer wieder zu fragen: „Warum ist das so?"
Warum war Ulrike nicht sicher, daß sie als schwangere, verheiratete Frau in der Schule bleiben dürfe? Kannst du es verstehen?
Findest du, daß sie nicht mehr in die Schule gehen sollte?
Kann ein Vater das Baby genauso gut versorgen wie die Mutter?

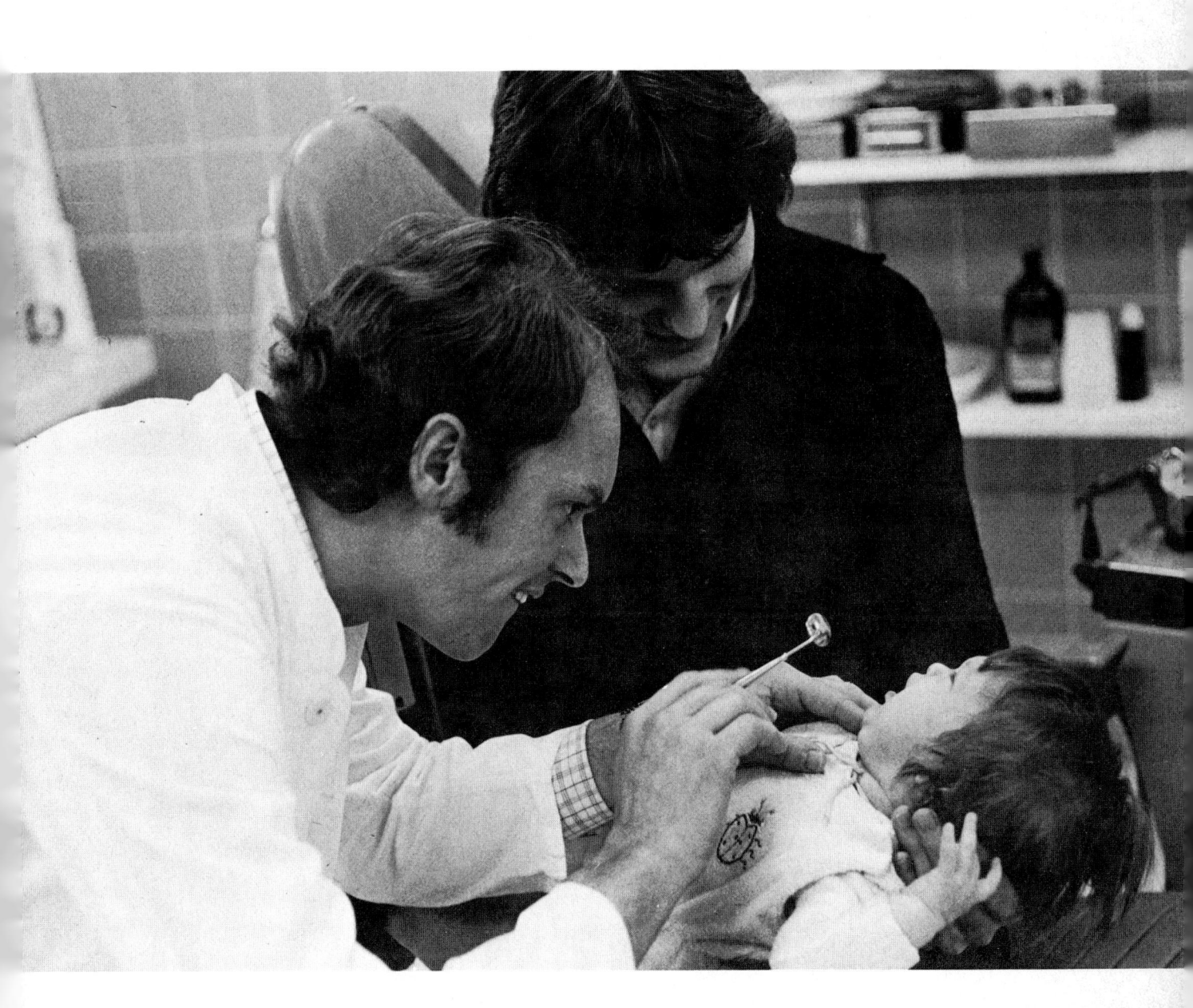

Großmutter und Marita

„Marita, wir müssen gehen!" Die Schule ist hinter dem Reihenhaus, fünf Minuten von der Wohnung entfernt, aber die Großmutter begleitet die Enkelin Tag für Tag zur Schule. Sie lebt alleine mit ihr, in einer kleinen Zweizimmerwohnung mit einem freundlichen Blick auf eine Siedlung inmitten von Kiefern.
„Marita, ist dir warm?"
Das Mädchen hat feste Schuhe, einen gut gefütterten Anorak und saubere, dicke Cordjeans an.
„Hier ist dein Ranzen!" Auch der ist neu und schön. Großmutter küßt Marita ganz innig, als sie sich vor der Schule trennen.
„Ich hol dich um elf ab."
Marita lacht. Großmutter strahlt. Aber wenn sie wieder alleine ist, sieht sie traurig und sorgenvoll aus. Frau Schäfer will schnell das Nötigste zum Essen kaufen und bald wieder nach Hause gehen. Sie ist sehr krank, sie leidet an Krebs. Oft verliert sie Blut und ist schwach und müde.

„Nächste Woche muß ich wieder ins Krankenhaus", denkt sie. „Wenn sie mich nur nicht behalten. Was wird aus meiner Marita?"
Maritas Mutter hatte vor Jahren einen sehr schweren Unfall. Bei dem Besuch eines Neubaus fiel sie vier Meter in die Tiefe. Seitdem ist sie nervenkrank und kann nicht mehr für Marita sorgen. Sie lebt mit ihrem Mann zusammen und arbeitet, obwohl sie leidend ist. Manchmal besucht sie Marita.
Marita lebt nun schon viele Jahre bei der geliebten Großmutter. Manchmal ist die alte Frau sehr matt.
„Bleib ruhig liegen", sagt dann Marita, „ich pflege dich, ich helfe dir und du erzählst mir aus Schlesien."
„Du bist meine beste Medizin, Marita", sagt die alte Frau.
Der Großvater, Herr Schäfer, ist schon lange tot. Die Familie hat Schlesien im letzten Krieg verlassen müssen. Sie sind geflüchtet und

wohnen seitdem in Berlin. Viele Menschen auf der Welt haben durch den Krieg ihre Verwandten, ihre Häuser und ihr Land verloren. Frau Schäfer bekommt keine Rente, sondern eine Unterstützung. Das ist nicht viel. Sie bekommt auch Geld von Maritas Eltern. Um elf Uhr zieht sich die alte Frau wieder an und pilgert zur Schule. Die Pforte öffnet sich, und eine Schar Kinder flattert schreiend heraus. Die Großmutter steht still auf ihrem Platz, grau und vergrämt. Plötzlich öffnet sie breit die Arme und Marita stürzt sich in sie hinein, als lägen Jahre der Trennung zwischen heute morgen und jetzt.

„Du ich hab 'ne eins. Warte, ich muß sie dir gleich zeigen." Das ist auch völlig selbstverständlich für Großmutter. Es muß jetzt sein, obwohl es unbequem ist, in der Kälte den Ranzen zu halten und drin zu kramen, bis das Heft gefunden ist.

„Na, schau mal, da steht die Eins", sagt Großmutter glücklich.

Die Freundin von Marita steht dabei und murmelt: „Ich hab nur 'ne Drei."

Die Großmutter nimmt den Ranzen und sagt: „Nun renn, Mariechen, renn, ich geh langsam." Zu Hause ist es warm. Der Kachelofen brennt. Marita hängt sofort ihren Anorak auf einen Bügel und zieht Hausschuhe an.
„Zuerst muß ich dich frisieren", sagt Großmutter und kämmt liebevoll Maritas Haare. „Man muß gepflegt sein, Marita. Weißt du, warum du so 'ne schöne Haut hast? Weil ich dich jeden Abend mit Kamillosan abreibe."

„Jetzt machen wir doch gleich die Aufgaben, Großmutter?" Jeden Tag arbeiten die beiden zusammen. Marita schreibt und Großmutter schaut zu. Sie lesen und rechnen zusammen und beide haben Spaß.
„Wir müssen nachlegen, Marita." Das Mädchen steht sofort auf und geht auf den Balkon. Dort türmen sich Obstkisten, die beide vor einem Geschäft in der Nachbarschaft gesammelt haben. Marita zerkleinert eine Kiste, damit sie in den Ofen paßt.
„Und jetzt flötespielen", ruft Marita. Die Großmutter streckt sich in ihrem Sessel aus.

Jede Arbeit ermüdet sie sehr. Marita spielt ganz ernst. Sie hat ein hervorragendes Gehör und ein gutes Gespür für Rhythmus. Sie gibt sich nicht schnell zufrieden. Sie probiert, sie übt. Die Großmutter lauscht und nickt.
„Jetzt geht's", sagt Marita zufrieden.
„Du Großmutter, jetzt is' aber genug, laß mich die Schlittschuhe anprobieren. Morgen gehen wir doch mit der Schule zum Schlittschuhlaufen. Du, ich darf doch? Astrid geht auch! Schau, wie sie mir passen." Marita zieht schöne weiße Stiefel mit blitzenden Schlittschuhen an. Man weiß nicht, wie die Großmutter das fertigbringt: Marita hat alles, was sie braucht. Sie hat auch Rollschuhe, ein Rad und eine Mandoline.

Als es klingelt, sagt die Großmutter gleich: „Marita, heute können wir aber keinen Besuch haben. Ich bin zu müde."
Ein kleines Mädchen kommt herein. „Darf ich hier bleiben?" Und großes Verlangen spricht aus dem Gesicht.
„Du, Oma kann heute nicht, Benita", sagt Marita, „sei nicht traurig, ein anderes Mal."

„Hast du schon Frühstück gehabt?" fragt die Großmutter.

„Nein", sagt Benita. „Mutter studiert und muß morgens schlafen. Meine große Schwester kann kein Brot schneiden. Und Vater war schon weg. Der arbeitet in der Kirche."

Benita möchte schrecklich gern in der Wärme und bei der Großmutter bleiben.

„Benita, willst du ein Bonbon und vielleicht eine Stulle?" fragt Großmutter, „komm am Montag wieder."

„Beiß mal von der Schokolade ab", sagt Marita.

Dann geht das Mädchen tapfer und ohne viel Aufhebens nach Hause: „Ich muß noch meinen Bruder füttern." Benitas Bruder ist behindert.

Danach ruht die Großmutter und Marita spielt. Sie sprechen ein bißchen miteinander:

„Weißt du", sagt die alte Frau, „damals in Schlesien, da hatten wir ein großes Haus. Gib mal den Kasten mit den Fotos her.

Schau mal, wie schön das Land ist. Das war die Schule da unten. Und dort hinten war ein Bach, ja, das kann man auf dem Bild nicht

sehen. Da haben unsere Kinder gespielt. Schau, da ist deine Mutter. Ich hab viele Kinder großgezogen. Sechs. Ja, sechs. Da war was los. Und weißt du, der Garten, der blühte im Frühling! Und das Land erst! Wir haben hart gearbeitet, aber wir hatten's schön. Das Grab unserer Eltern gibt es auch nicht mehr. Der Friedhof ist weg. Meine Schwester hat erzählt, daß jetzt ein alter Karren dort steht. Seitdem ist sie krank. So wie ich. Was wird nun aus dir? Was wird nur einmal aus dir?"
Die Großmutter seufzt. Marita hält ganz still.

Sie hört das nicht zum ersten Mal. Es ist ein Stück verlorenes Paradies, von dem die Großmutter träumt. Marita steigt in den Traum mit ein. Dann sind sie beide in Schlesien . . . Aber wenn Großmutter von der drohenden Gefahr spricht, dann wird Marita ganz still. Einmal wird Großmutter nicht mehr da sein. Noch einmal zieht das Dunkle vorbei. Marita geht zu der Großmutter, legt die Arme um ihren Hals und küßt sie. Großmutter strahlt wieder. „Komm, ich erzähle dir noch was."

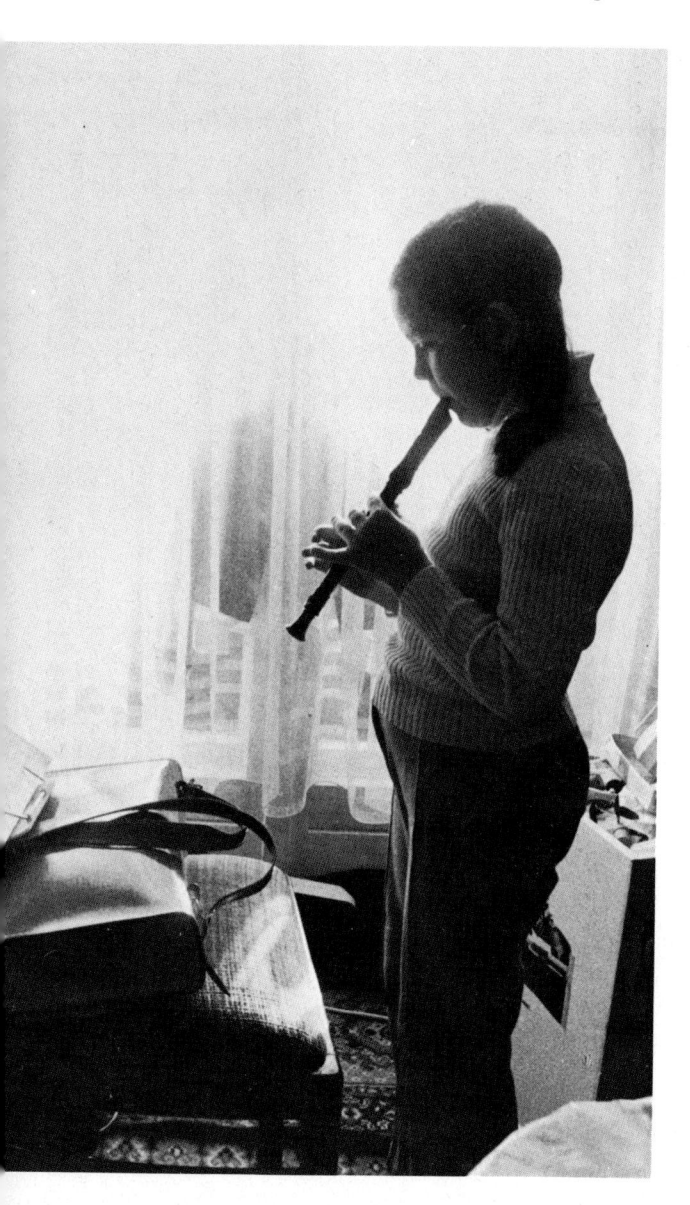

Marita lebt im Alltag ohne Vater und Mutter, obwohl es sie gibt. Sie sieht sie nur manchmal. Es fehlen ihr Auseinandersetzungen mit der Familie. Sie hat keine Erfahrungen mit Geschwistern: im Spiel, im Ärger, im Streiten, im Teilen, im Lieben und Fröhlich-sein. Das wird sicher ihr späteres Leben beeinflussen.
Der Umgang mit einem kranken, geliebten Menschen hat Marita aber mit Erfahrungen ausgestattet, die andere Kinder nicht haben.

Ein halbes Jahr ist vergangen, seitdem dieser Bericht geschrieben wurde. Maritas Großmutter ist gestorben. Marita wohnt jetzt weit weg von Großmutters Wohnung. Sie geht noch in ihre alte Schule und muß dafür jeden Tag weit fahren. Wo sie nach dem Tod der Großmutter leben wird, ist noch ungewiß.
Du hast sicher schon im Fernsehen oder Radio gehört, daß Hunderte von Menschen auf einmal bei einer Katastrophe umgekommen sind. Unter diesen schrecklichen Nachrichten stellt man sich kaum die Wirklichkeit vor. Wenn aber ein Mensch stirbt, den man kannte, liebte, mit dem man lebte, lernt man den Tod kennen.
Kannst du dich in Marita versetzen?
Hast du schon einmal jemand verloren, der dir nahestand?

Papa mit Astrid alleine

„Astrid, mein Hoppelhäschen, wach auf! Nein wirklich, jetzt müssen wir aufstehen."
Astrid und Papa schlafen in zwei Betten übereinander. Papa steht vor Astrid und versucht, sie wachzukriegen. Das ist jeden Morgen eine Geschichte, denn Astrid schläft fest.
„Ich sitz ja schon, schau, schrei nicht."
„Ich schreie doch nicht. Komm, ich helfe dir, mein Schatz. Was ziehen wir denn an? Warte – du sollst nicht schubsen, sonst gibt's was!"
Aber Astrid lacht nur.
„Fast bist du in den Schrank gefallen."
Astrid zieht sich an. „Du, die Strumpfhose ist krumm am Bein. Sie spannt da."
„Komm her, die rutsch' ich dir zurecht. Halt doch still – so, jetzt sitzt sie. Lies den Zettel, ich gehe mich waschen."
Am Schrank hängt ein großer Zettel, den Astrid mit schöner Schrift geschrieben und mit Blümchen verziert hat. Dort steht: Was ich alles machen muß.
„Katzendreck ins Klo, steht natürlich nicht darauf."
„Spül den Löffel", ruft Papa.
„Tue ich doch. Sag's doch nicht immer. Ich deck jetzt den Tisch."
Als Papa und Astrid in der Küche frühstücken, schneidet sie sich in den Finger.
„Du dummes Lieschen, paß doch auf."
„Schau, Papi, da kommen schon die Gedärme heraus."
„Ach was, ich klebe dir ein Pflaster auf den Finger. So schlimm ist das doch nicht. Iß jetzt schön, vergiß nicht die Stulle für die Schule. Ich mache schnell die Betten."
„Es ist noch so dunkel", murmelt Astrid.

„Im Winter ist es immer dunkel am Morgen, aber warte, bald ist Frühling. Beeil dich, es ist Zeit. Wir müssen gehen."

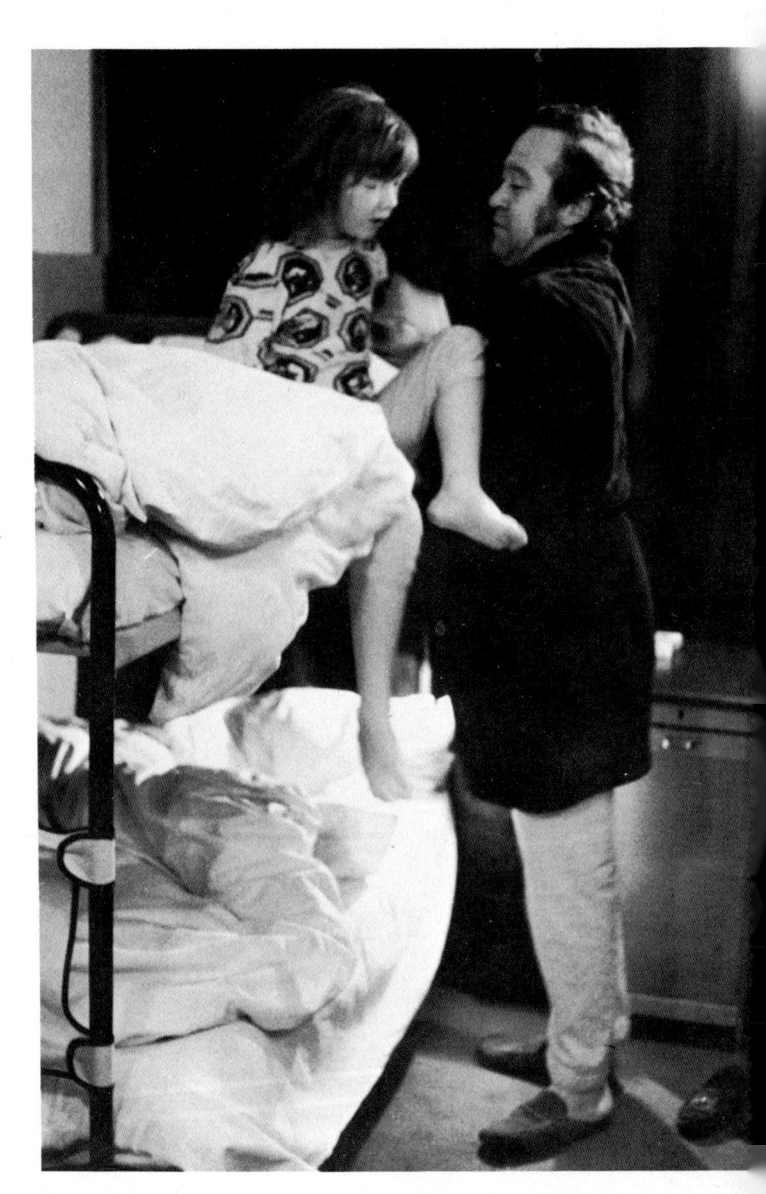

Herr Rieke arbeitet in der Druckerei eines Instituts. Um 8.00 Uhr muß er dort sein. Vorher bringt er noch Astrid zur Schule. Sie winkt. Bis heute abend ist es ganz schön lange. „Warte Papi, süßer Papi, noch ein Küßchen." Aber Papi rollt schon davon. Auch er würde lieber noch bei Astrid bleiben. Er sorgt alleine für seine siebenjährige Tochter, denn er ist seit fünfeinhalb Jahren von seiner Frau geschieden.

„Ich habe mich organisiert", sagt er. Er lebt sehr zurückgezogen. Herr Rieke wäre früher gerne auf eine Abendschule gegangen, um das Abitur nachzuholen. Als er noch verheiratet war, konnte er abends fort, jetzt aber will er Astrid nicht alleine lassen. So sitzt er abends zu Hause und liest.

Einmal war er in Astrids Schule bei einem Elternabend. Als er nach Hause kam, lag Astrid nicht in ihrem Bett, und die Wohnung war still und leer. Herrn Rieke ist das Herz stillgestanden. Später, als er wieder denken konnte, ist er zu einer Nachbarin in den zweiten Stock gegangen: er kannte sie kaum, aber er wußte, daß Astrid sie sehr gerne hatte. Das kleine Mädchen war im Nachthemd zu der Nachbarin gekommen und schlief fest auf

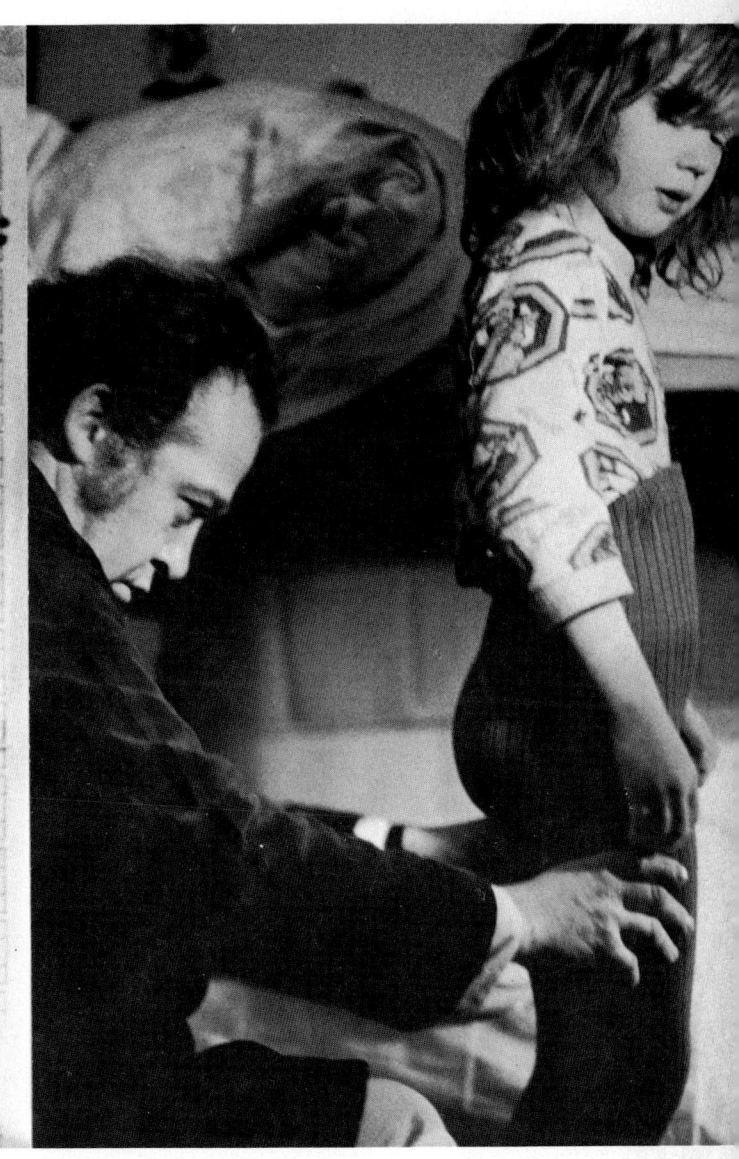

ihrem Sofa. Sie hatte kaum gemerkt, daß Papa sie wieder hinauftrug. „Das darf nie mehr vorkommen", schwor sich Herr Rieke.
So ist Herr Rieke ziemlich alleine. Am Wochenende unternimmt er etwas, aber nur mit Astrid zusammen. Im Sommer gehen sie in ihren Wohnwagen, der auf dem Campingplatz steht. In den Ferien fahren beide alleine mit dem Wohnwagen ins Ausland. Dann ist Astrid die Königin.
Astrid geht gerne in die Schule. Sie lernt leicht, liest schon fließend, schreibt flott und rechnet gut. Nach der Schule muß sie in die gegenüberliegende Tagesstätte. Papa holt sie erst gegen fünf Uhr ab. Ihre beste Freundin ist Marita, die nebenan wohnte, aber nicht zur Tagesstätte geht.
Astrid hat hier ganz andere Freunde als in der Schule. Hier macht sie selbständig ihre Aufgaben. Danach spielt sie mit den anderen Kindern.
„Markus und ich sind verheiratet", sagt sie. „Jetzt gehen wir ins Bett und schlafen."
Markus spielt das Spiel nicht so gerne.

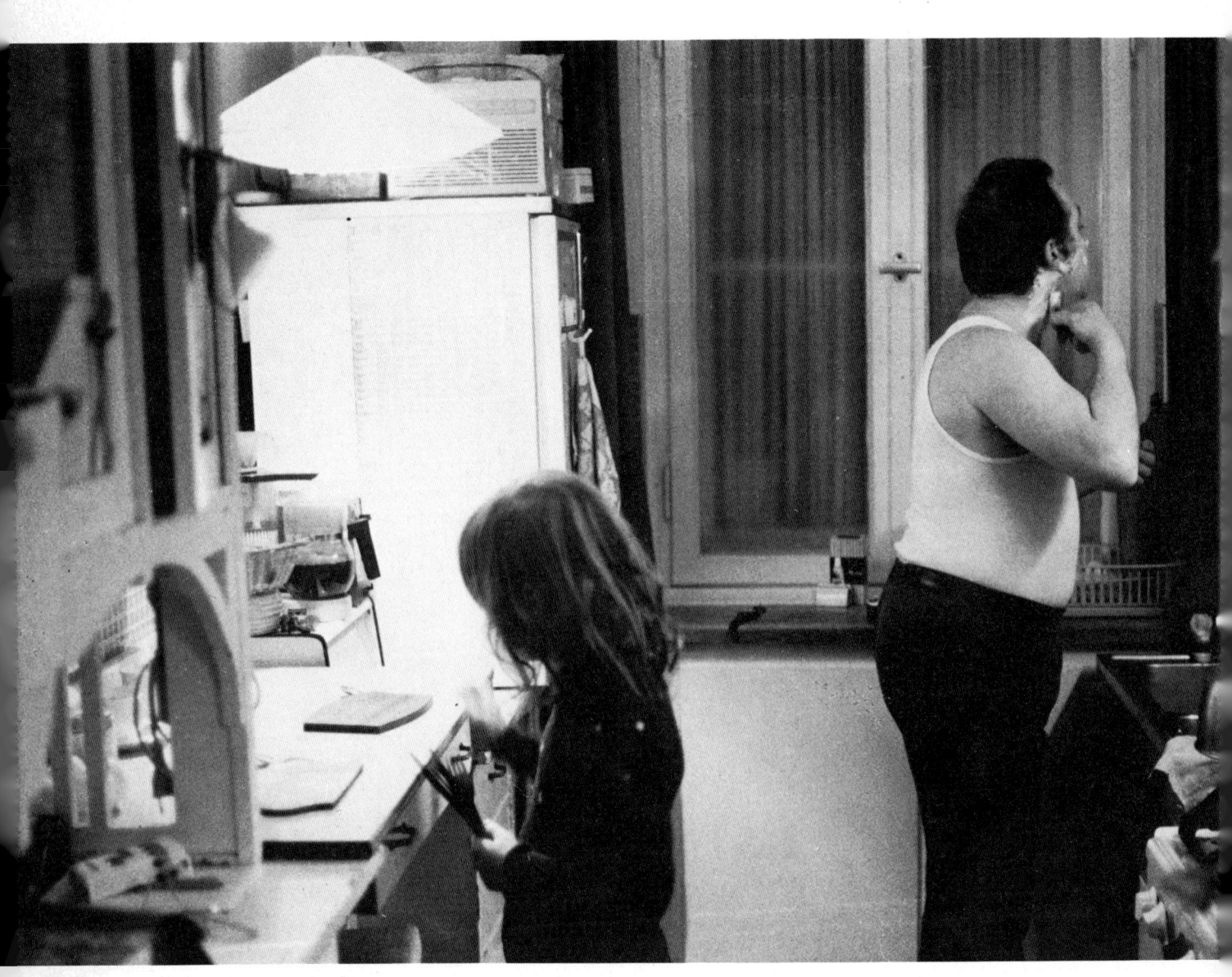

Er möchte noch nicht heiraten.
„Du, spiel doch. Es ist alles so gemütlich. Schlaf."
Das Verheiratetsein dauert nicht lange. Später spielen sie Verkleiden, und sie ist die Maria aus dem Weihnachtsspiel. Markus ist zuerst ein Engel, später der Esel, auf dem Maria reitet.

Um Viertel nach fünf kommt Papa. Astrid wartet schon ungeduldig. Sie hüpft ins Auto und fährt mit Papa zum Einkaufen.

„Du, nimm doch noch solche Würstchen, bitte, bitte, lieber Papi."
„Also Würstchen noch. Wir essen sie heute abend mit Radieschen. Halt mal die Autoschlüssel." Als Papa und Astrid nach Hause kommen, trägt sie die Einkaufstüten herauf bis zur Wohnung und wartet auf Papa, der die Kohlen für den Kachelofen heraufbringt. Papa keucht: „Los, rein."
In der Wohnung ist es überschlagen. Herr Rieke krempelt die Hemdsärmel herauf, rüttelt die Asche herunter in den Aschenkasten und

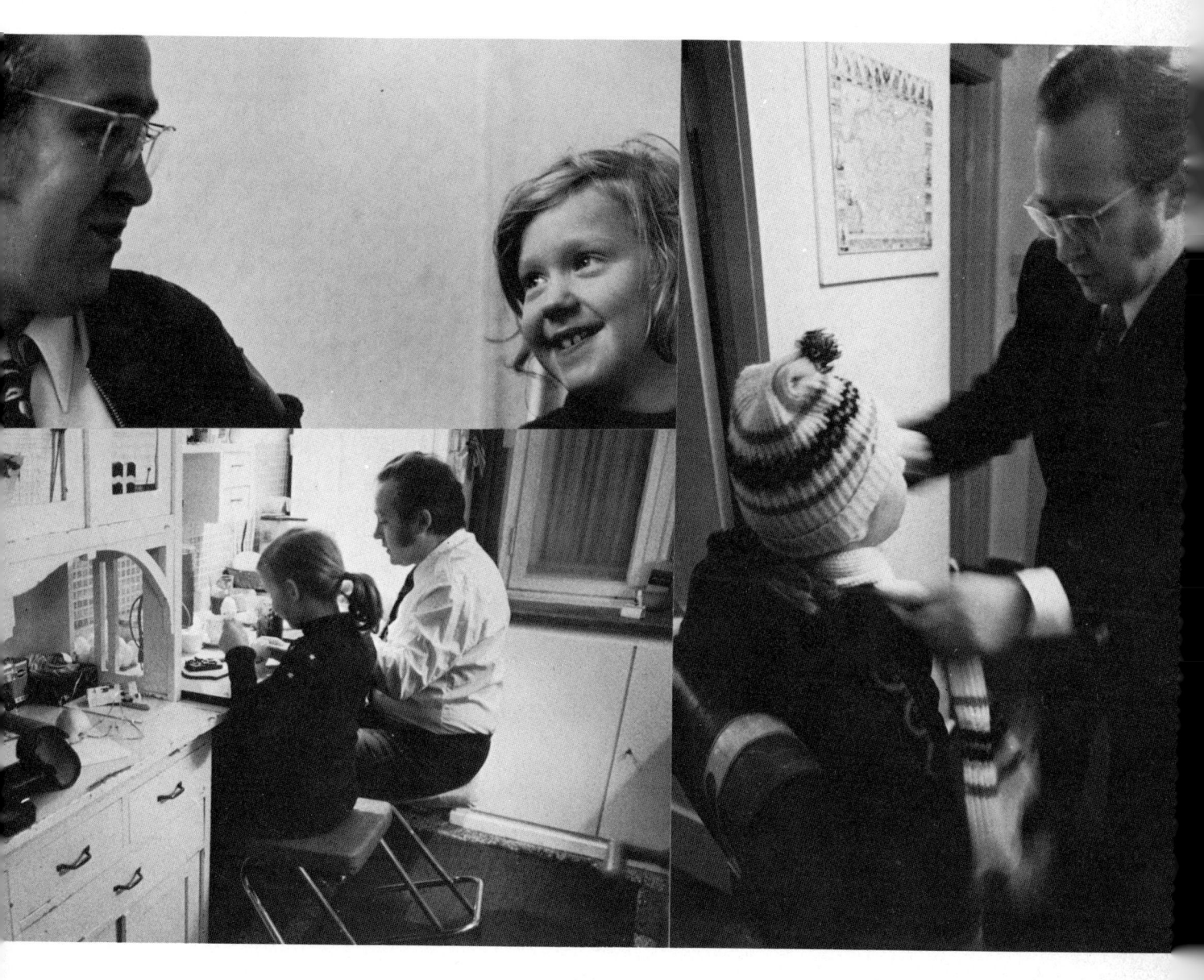

53

zündet ein Feuer an. Es ist bald warm.
„Jetzt schnell die Wäsche in die Waschmaschine."
Im Badezimmer hängt noch Wäsche, die inzwischen trocken ist. Diese legt Herr Rieke schön zusammen, bevor er sie in den Schrank einordnet. Dann saugt er die Wohnung. Er arbeitet genau und schnell. Man merkt, daß er sich ein System ausgedacht hat, nach dem alles gut funktionieren kann. Herr Rieke macht die Arbeit alleine: Kochen, Waschen, Bügeln, Einkaufen. Nur die Bettwäsche gibt er in die Wäscherei. Die muß er am Samstag wegbringen.

„Du Astrid, morgen darf ich nicht vergessen, die Bettwäsche wegzubringen."
Astrid steht in der Tür. „Schau mal, was ich für dich gemacht habe."
„Das ist aber eine schöne Katze. Zeig mal. Die hängen wir auf, wenn ich mit der Arbeit fertig bin."
„Freust du dich?" – „Aber sicher."
„Sag: ich freu' mich." – Papa wiederholt: „Ich freu' mich.

Ich will jetzt erst sehen, wie du deine Aufgabe gemacht hast."
„Ist alles richtig – Ehrenwort."
„Zeig trotzdem. Alles richtig."
„Der 5er ist ja auch leicht."
„Wie warst du denn so am Tag?"
„Einigermaßen, ganz nett. Aber die Anja ist so dumm. Na ja, die hat eben so einen weiten Weg zur Schule."
„Ich mach jetzt unser Abendessen. Nachher kannst du decken."
Abends wird im Wohnzimmer gegessen.

Zuerst bekommt die Katze etwas. Herr Rieke riecht mit kundiger Nase am Hackfleisch. Astrid kommt hereingestürmt und langt nach dem Butterfaß, als Vater die Hand ausstreckt, um einen Teller zu greifen. Das Butterfaß fällt auf den Boden.
„Du mußt aber aufpassen", sagt Vater.
„Hab ich doch, *du* hast doch so gemacht mit der Hand. Aber ich weiß schon, ich weiß schon, ich bin immer schuld – immer schuld! Wenn es brennt, bin ich schuld, wenn, wenn – na, wenn was kaputt geht, bin ich schuld!

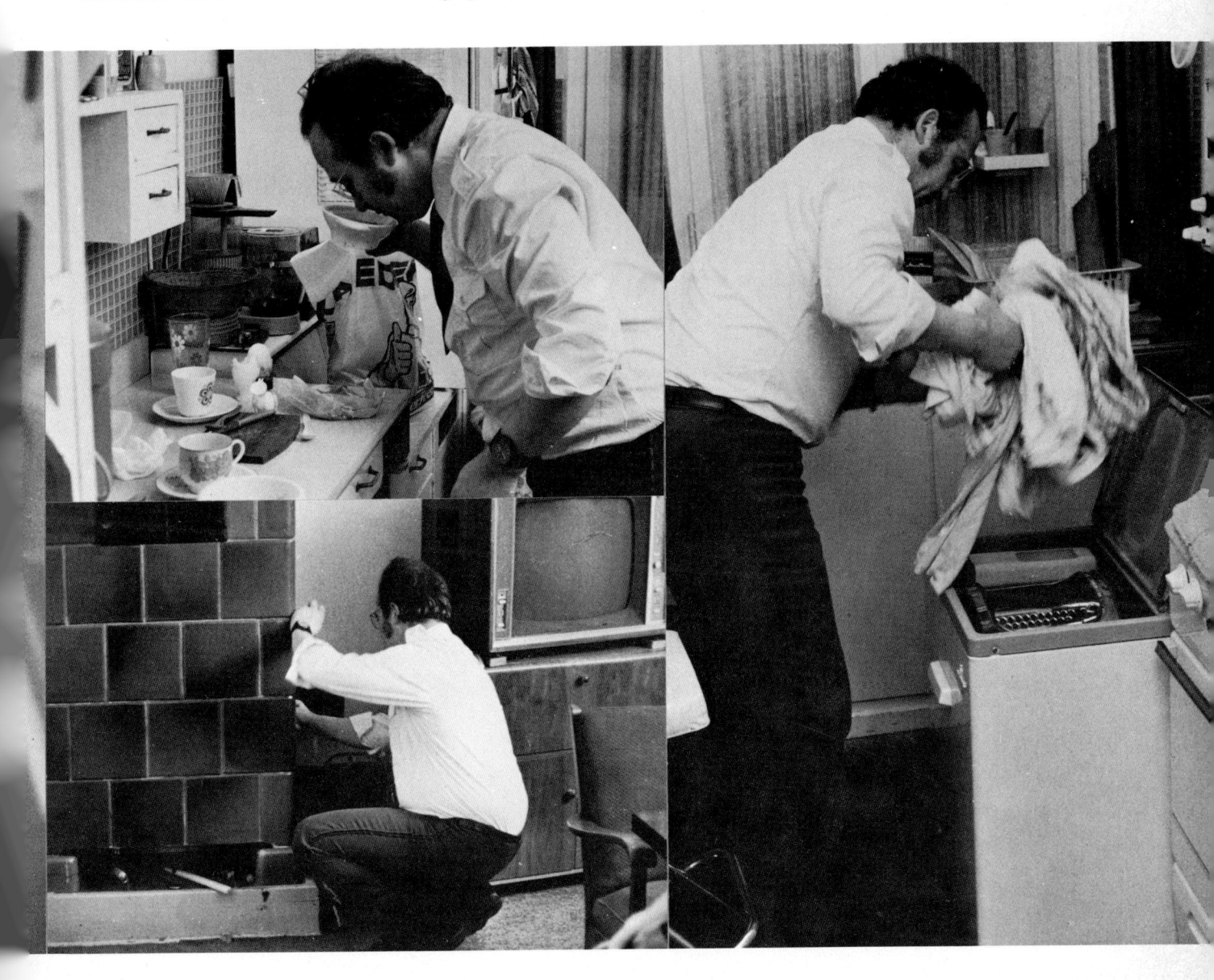

Ich hau mich zum Skelett."
„Zu was?"
„Zum Knochengerüst, damit du's weißt."
„Aber Astrid, ich sag doch gar nichts."
„Doch, ich bin immer schuld!"
„Ach, komm, jetzt hör auf, ist doch wieder gut."
„Ist gar nichts gut. Bei mir ist jetzt abgeschlossen!"
Astrid ist so beleidigt, daß man kaum glauben kann, daß sie nach ein paar Minuten wieder so ‚aufgeschlossen' ist, als sie den Tisch deckt.
„Paß auf, wie schön ich das mache." – „Hol mal die Radieser, die Würstchen und das Brot, mein Herzchen. Vergiß das Salz nicht. So, es ist alles paletti."
Als beide sitzen, nimmt Astrid die fette Wurst in die Finger.
„Jetzt schau mal deine Hände. Also waschen", ruft Papa.
Jetzt aber fällt Astrid etwas ein. „Lieber Papi, du, ich möchte baden. Bitte, bitte."
„Aber dann wird's wieder Kindermitternacht!"
„Och nee, ich mach schnell. Du wäschst mich, lieber Herzenspapi."

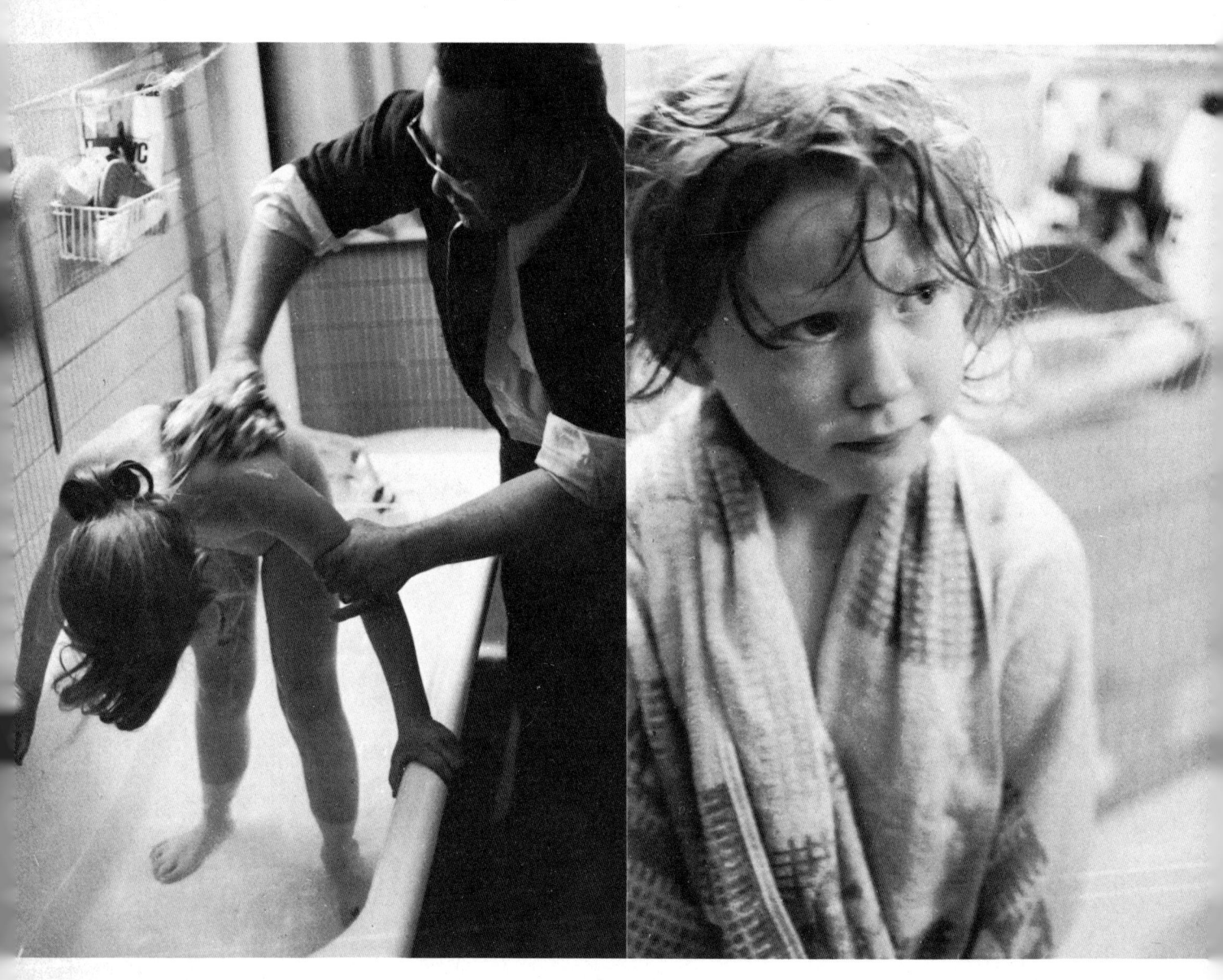

„Na also", sagt Papa besiegt.
„Ich geb dir ein Küßchen."
Der Frieden wird besiegelt. Papa ist sehr zärtlich. Er läßt das Wasser einlaufen.
„Aber viel, bitte. Mach Shampoo hinein, so'n Zeug, weißt du?"
Papa wäscht Astrid gründlich, und Astrid läßt sich willig abschrubben. Der Schaum macht Spaß. Papa reibt und lacht. Astrid genießt es mächtig. „Los, jetzt den Rücken." Überall kommt der Waschlappen hin. „Laß mich noch planschen!"

„Du wirst doch nicht in dieser Flusenbrühe sitzen bleiben?"
„Doch, *du* hast das Wasser ganz schmutzig gemacht. Ich will gar nicht mehr baden, wenn ich nicht spielen darf." „Komm jetzt, Astrid."
Papa reibt sie ab. Astrid mault. Die Haare hat sie sich beim Toben im Wasser ziemlich naß gemacht. Aber unter Papas kräftigem Rubbeln kann sie nicht schlechter Laune bleiben. Das Bürsten der Haare fängt zuerst gut an. Aber als Papa in einem kleinen Haargestrüpp hängenbleibt, schreit Astrid gellend.

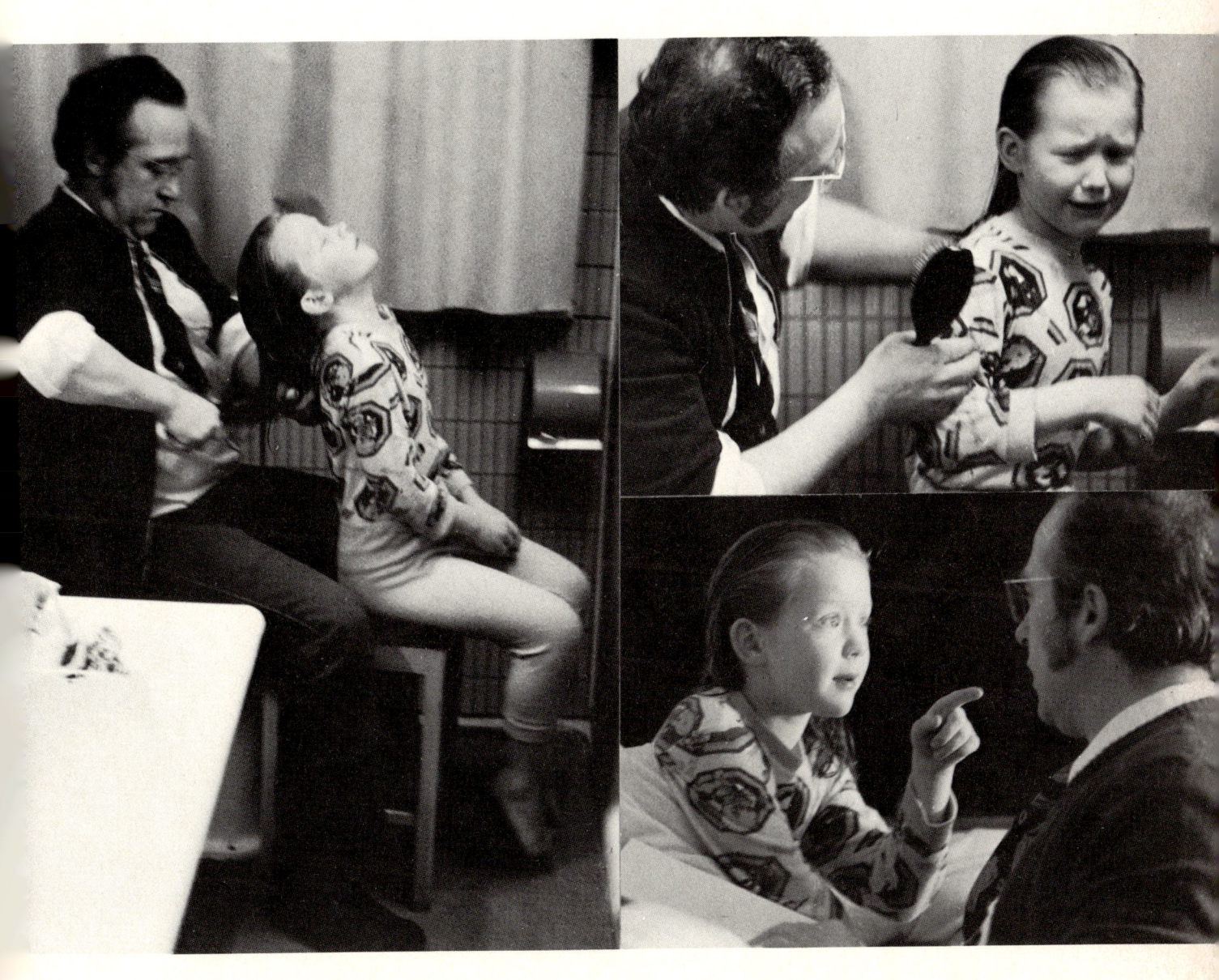

„Immer tust du mir so weh. Gemein. Paß doch auf."
„Aber ich kann doch diesen Urwald nicht lassen, du Quackjule, laß dich jetzt bürsten. Schau, wie schön mein Hoppelhäschen jetzt aussieht. Sollen wir noch eine Geschichte vorlesen?"
„Au ja." Astrid ist vollends versöhnt. Sie hüpft vom Badezimmer in ihr Bett und ruft: „Ich warte. Ich bin schon drin. Weißt du was wir lesen? Tausendundeine Nacht, das Zauberpferd. Ich weiß, wo wir stehengeblieben sind."
Und Papa liest.
„Jetzt muß aber der Schurgel Furgel schlafen." Astrid ist jetzt ganz zärtlich. „Schlaf gut, lieber, süßer Papi. Morgen ist Samstag, freust du dich?" „Ja, schlaf jetzt."
„Laß die Türe ein bißchen auf."
Am Samstagmorgen steht Herr Rieke rechtzeitig auf, um die Wohnung gründlicher zu putzen als an anderen Tagen. Astrid kommt schon um 10.00 Uhr aus der Schule zurück. Letzten Samstag war Astrid zu Besuch bei ihrer Mutter, die wieder verheiratet ist und in

einem anderen Stadtteil lebt. Astrid liebt ihre Mutter und freut sich jedesmal sehr. Für beide Eltern sind diese Besuche schwer. Es gibt oft Schwierigkeiten wegen des Besuchstages. Manchmal fällt er in die Ferien, und Herr Rieke hat Mühe, das Datum einzuhalten. Dann sucht er mühsam einen Ersatztag. Beide Eltern sprechen wenig miteinander. Es gibt zu schnell Ärger und Mißverständnisse. Beide wollen sie, daß Astrid glücklich ist. Aber beim Streiten vergessen sie Astrid.
Wenn Astrid fort ist, leidet Herr Rieke. Es kommt ihm alles wie Verrat vor: *Er* sorgt doch für Astrid. *Er* teilt fast alles mit seinem Kind. Sein Leben ist so sehr auf ihres ausgerichtet, daß es ihm unheimlich wird, wenn Astrid fehlt. Kommt Astrid zurück, hat sie Dinge erlebt, die sie nicht ganz mit dem Vater teilt. Manchmal, wenn sie ärgerlich ist, sagt sie ihm auch häßliche Dinge. Dann ist Mama die allerliebste. Aber das kann auch umgekehrt sein.
Astrid kommt aus der Schule zurück. Sie poltert die Treppe herauf.

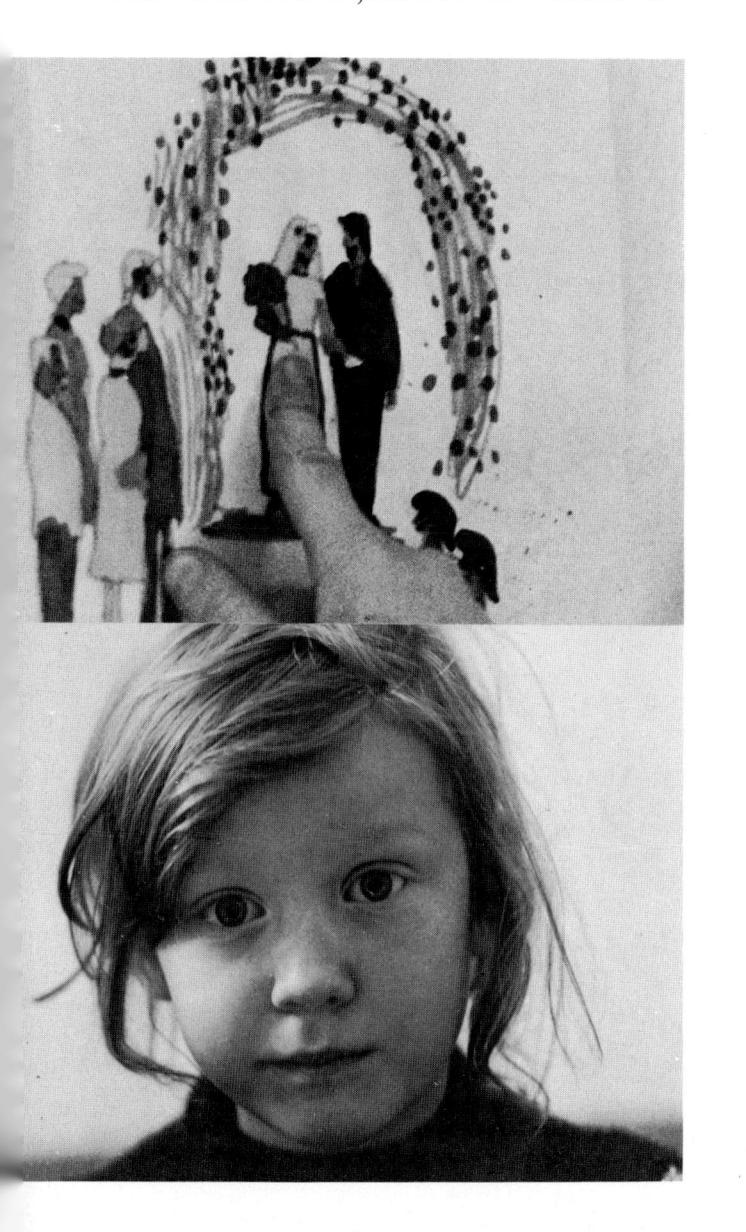

Ein Kind erträgt schlecht, wenn die Eltern sich streiten. Eine Trennung bringt es in schwere Konflikte. Ein Kind möchte, daß die Eltern sich verstehen, sich lieben. Es kann nicht begreifen, daß sie sich trennen.
Verurteilen solltest du niemanden. Eines mußt du wissen: Vater, Mutter und Kind leiden. Sie handeln anders, als sie es tun würden, wenn sie im guten Einverständnis miteinander lebten.

Astrids Vater tut alles für seine Tochter. Er versucht, ihr ein guter Vater zu sein und die Mutter zu ersetzen. Das ist nicht immer leicht.

Was denkt sich Astrid, wenn sie ihre Mutter besucht? Kannst du verstehen, warum sie manchmal zum Vater böse ist, wenn sie von der Mutter zurückkommt? Astrid sieht ihre Mutter nur ein paar Stunden, wenn sie auf Besuch ist, mit dem Vater lebt sie täglich zusammen. Glaubst du, daß Astrid Schwierigkeiten haben wird, wenn sie älter und selbständiger wird?

„Du mußt mich messen, Papi. Bin ich gewachsen?"
Ich muß es wissen, die Lehrerin hat gefragt."
Astrid ist ganz ausgelassen. „Wo ist meine Katze? Da bist du, alte Trine. Weißt du was, ich spiele jetzt auf der Gitarre und singe dir etwas vor."
Und Astrid singt herzzerreißende Schlager, so ausdrucksvoll und komisch, daß Herr Rieke Tränen lacht. Aber plötzlich wird Astrid traurig.
„Ich glaube, ich hab Halsweh."
Sie niest. Herr Rieke springt. „Eine heiße Zitrone! Paß auf und du bist wieder in Ordnung. Wir bleiben zu Hause und spielen. Zur Großmutter können wir auch morgen."

Astrid klettert auf ihr Bett. „Ich geh zu meinem Hund. Mich friert's."
Über dem Bett von Astrid hängt ein Bild, das sie für Papi gemalt hat. „Wir haben doch keine Mutter, deshalb male ich eine Hochzeit mit einer Frau für dich. Die da unten mit den Blumen und dem Hund bin ich. Ich hab noch ein Bild gemacht, das zeig ich dir aber nicht."
Aber sie hat es Papa doch gezeigt. „Weißt du, das ist eine Frau für dich mit einem großen, großen Busen, an dem ich trinke."
Papa kommt mit der heißen Zitrone.
„Huh, ist das heiß."
„Komm, ich rühre mal um, dann wird es kälter."
Geduldig hat Papa wieder einmal getröstet.

Der Wochenendvater

„Du, Klaus, heute ist Freitag, du schläfst heute nacht in deinem Zimmer, vergiß es nicht."
Klaus vergißt es jede Woche. In der Schule schreibt er Freitag, den . . ., aber er denkt nicht Freitag, es könnte da genauso gut Fitzlibazzli stehen, es wäre sogar besser.
Klaus will den Freitag nicht.
Papa ist Fernfahrer. Am Montagmorgen, sehr früh, manchmal schon um vier Uhr, fährt Papa mit dem Lastwagen fort. Er fährt auf der Autobahn bis nach Norddeutschland.
Ans Meer, weit, weit fort. Während der Woche kann er nicht nach Hause kommen. Papa kommt, wenn alles gut geht, am Freitagabend.

Er bringt Klaus auch immer etwas mit, meist immer dasselbe vom Kiosk an der Autobahn. Und dann kommt das Schreckliche: Klaus muß aus Mamas Zimmer ausziehen. Klaus darf mit seinen elf Jahren noch bei der Mutter in dem leeren Vater-Bett schlafen.

Am Sonntagabend liegt Klaus in seinem Bett und freut sich auf den Montagabend. Da ist alles wieder in Ordnung. Da ist Papa längst auf den Fernstraßen, und Klaus nimmt seinen Steiff-Hund, seine Taschenlampe, sein Briefmarkenalbum und seinen Wecker in Mamas Zimmer und legt seine Schätze auf Papas Nachttisch.

Manchmal geht Mama früh ins Bett, und dann spielen sie noch Halma zusammen. Der Atlas kommt auf die mittlere Bettkante und das Halma auf den Atlas. Danach reden sie noch ein bißchen im Dunkeln. Klaus streckt den Arm aus und fühlt, wo Mama genau liegt. Mama lacht leise. Manchmal schlafen sie Hand in Hand.
Immer wieder hat Klaus schreckliche Träume. Einmal sah er, wie ein Fleischer geschlachtete Schweine aus einem Wagen holte. Er befahl Klaus, eines davon zu tragen. Klaus brach fast zusammen. Dieses Schwein war so weich und schwabbelig, er erstickte fast, und da wachte er auf. Klaus fürchtet sich vor diesen Träumen. Er erzählt niemandem davon.
An diesem Abend kommt Papa spät zurück. Klaus hat lange wach gelegen und gedacht: „Vielleicht ist ihm was passiert, vielleicht ist er tot." Und Klaus hat Mama gerufen: „Glaubst du, Papa ist tot?"
„Wie kannst du nur so etwas sagen, oder so was überhaupt denken", sagt Mama.
Klaus ist unglücklich. Mama ist so anders jetzt. „Geh raus", murmelt er, „ich will schlafen."
Mama ist beleidigt. Sie geht ohne ein Wort ins Wohnzimmer, er hört, wie sie Geschirr aus dem Schrank holt. „Sie richtet sicher noch was für Papa", denkt Klaus, und er hat plötzlich einen schrecklichen Hunger. Er steht auf und geht zum Wohnzimmer und sagt leise: „Darf ich noch ein Brot haben, ich hab so Hunger."
Mama schaut ihn an und Klaus eilt auf sie zu, schlingt die Arme um sie, weint und schluchzt: „Mama, ich hab dich so lieb. Wir wollen immer zusammenbleiben."
„Wer redet denn von weggehen?"
„Ich will immer für dich sorgen."
„Aber du wirst doch mal groß und wirst fortgehen, heiraten und Kinder haben, Fernfahrer werden."
„Nein", schreit Klaus, „ich will nicht heiraten. Ich bleib bei dir."
Mama wird es zum ersten Mal etwas Angst. „Ach was", sagt sie, „komm – geh jetzt. So was. Hier ist dein Brot. Wenn der Vater kommt und du bist noch auf, gibt's was."
Sie gibt ihm einen Kuß und schiebt ihn hinaus. –
Klaus schleicht in sein Bett, er fühlt sich sehr einsam.
Als Papa später hereinschaut, tut er so, als ob er schliefe.

Am nächsten Morgen frühstückt Klaus in der Küche. „Sei leise", sagt Mama, „Vater schläft noch" und lächelt glücklich.

Ein kleines Mädchen denkt: ich möchte den Vater heiraten. Wir lieben uns. Aber Vater liebt auch Mutter.
Ein kleiner Junge denkt: ich möchte die Mutter heiraten. Wir lieben uns. Aber Mutter liebt auch Vater.
Mit der Zeit merken diese Kinder, daß aus dieser Hochzeit nichts wird. Sie finden sich damit ab. Klaus ist nicht mehr klein. Er hat es noch nicht gemerkt. Während Vaters Abwesenheit spielt Mama ein schönes Spiel: Klaus rückt an Vaters Platz. Für Klaus ist das kein Spiel, es ist ernst. Er vergißt Vater. Am Freitagabend rückt Vater wieder an seinen Platz. Klaus weiß nicht mehr, woran er ist. Er leidet. Aber keiner weiß etwas davon.
Hast du früher auch einmal gedacht, den Vater oder die Mutter zu heiraten?
Wenn du jetzt an diesen Wunsch denkst, mußt du darüber lachen oder ärgert es dich?
Könnte der Vater Klaus helfen oder die Eltern zusammen? Weißt du wie?

Die Küpelis, eine türkische Familie in Berlin

Sülcran geht in die 7. Klasse einer Hauptschule in Berlin, in der türkische und deutsche Kinder zusammen sind. Sie spricht so gut deutsch, daß sie mit den deutschen Kindern gemeinsam lernen kann. Das können nicht alle. Manche türkische Kinder haben große Schwierigkeiten in der Schule, obwohl sie ebenso gut denken können wie deutsche Kinder. Sülcran lernt leicht. Sie will lernen und verstehen.

Nach dem Unterricht stehen türkische und deutsche Schüler vor der Schule herum. Es ist genauso wie vor jeder anderen Schule: Lachen, Schreien, Rufen, Rauchen, Schubsen, Fluchen. Sülcran gehört dazu. Sie ist ein dreizehn Jahre altes Mädchen mit schönen langen, lockigen Haaren, ganz weißen Zähnen und Augen wie aus schwarzem Samt.

„Ich muß gleich nach Hause", sagt sie zu ihrer deutschen Freundin Margit, „ich muß Schularbeiten machen und meiner Schwester helfen."

Sülcran fährt jeden Tag mit dem Bus nach Hause, der Weg ist zu weit.

„Ach nein, ich muß ja zuerst noch bei meinem Vater vorbeifahren, um ein Paket abzuholen."

„Du, ich fahre mit dir", sagt Margit.

Sülcrans Vater hat ein Lebensmittelgeschäft. Es liegt im Wedding, einem Riesenstadtteil von Berlin, in dem ganze Straßenzüge nur von Türken bewohnt werden. Berliner nennen solche Viertel Klein-Istanbul, wie die größte Stadt der Türkei. Sülcran kennt viele Kunden im Geschäft ihres Vaters. Sie wird herzlich begrüßt, man lacht viel. Sülcran ist sehr beliebt.

„Schau, das ist mein Onkel an der Kasse." Hinter ihm steht wohlgeordnet und auffallend sauber alles, was man zum Essen braucht, auch Konserven mit türkischem Gemüse. „So was kenne ich gar nicht", sagt Margit und zeigt auf die verschiedenen Büchsen mit lila Eierfrüchten, großen Bohnen, türkischem Öl,

türkischen Hülsenfrüchten, Kichererbsen, Bohnenkernen, Pistazien und allen Gewürzen des Orients.
„Und das ist euer Brot?" Auf einem Regal liegen runde Kränze und flache knusprige Fladen, große und kleine.
„Dort ist mein Vater", flüstert Sülcran.

Auf der anderen Seite des Ladens steht Sülcrans Vater. Er hat einen blendend weißen Kittel an.
Im Schaufenster der Fleischabteilung hängen fünf abgezogene junge Schafe. Die Türken essen sehr viel Lamm- und Schafsfleisch. Hinter einer Glasscheibe liegt, wie bei uns in der Metzgerei, Kalbfleisch, Rindfleisch in Würfeln, Lammfleisch, Lammkoteletts, Innereien wie z. B. Leber.
„Du, das sind ja Buletten", sagt Margit.
„Die heißen bei uns Köftä", antwortet Sülcran.
„Was ist denn das, diese Köpfe da?" „Schafsköpfe."
„Eßt ihr die?" „Ja." Margit schweigt.
„Komm, ich gebe dir ein Baklava." „Ein was?"

„Dieses Gebäck heißt Baklava. Paß auf, es ist sehr klebrig, weil wir Honigsirup draufgießen."
„Schmeckt aber gut", sagt Margit mit vollem Mund, „wie Spritzkuchen."
Auch hier steht Gemüse, aber nicht in Dosen, sondern in durchsichtigen Gläsern: rote Tomaten, violette Auberginen, Paprikafrüchte, rot und grün, in Streifen geschnitten.
Alles sieht appetitlich und einladend aus. Die Wände auf einer Seite sind gekachelt, auf der anderen Seite neu tapeziert, am Boden liegt ein Linoleum, das oft feucht gewischt wird.

„Und da hinten", fragt Margit, „wer ist das?"
„Das ist auch ein Verwandter aus unserer Familie, der hilft in der Gemüseabteilung."
„Ihr seid aber eine große Familie", sagt Margit.
Überall stehen deutsche Schilder, weil Herr Küpeli auch einige deutsche Kunden hat, die gemerkt haben, daß er ausgesuchte und preiswerte Ware hat. Er holt sie, wie die deutschen Händler, in der Großmarkthalle. Gerade kauft eine deutsche Kundin einen großen Lammbraten, dicke Bohnen und Brotfladen.
„Sagen Sie, wie lange soll ich ihn im Ofen

lassen?" fragt sie Herrn Küpeli. Er spricht langsam und verständlich deutsch. Die Kundin scheint sehr befriedigt.
Aus einem Lautsprecher klingt leise, türkische Musik.

„Du, ich muß gehen", sagt Margit, „tschüß."
„Ich muß auch nach Hause. Saime wartet."
Sülcran nimmt wieder den Bus, sie kennt sich so gut aus wie jedes Berliner Kind. Die Häuser in ihrer Straße sind schwarz und zum Teil noch vom Krieg verwüstet. Sie würden ganz schön aussehen, wenn sich jemand daran gemacht hätte, die Häuser regelrecht zu waschen und zu reparieren. So aber stehen sie düster und verkommen da.
Sülcran geht durch eine große, dunkle Pforte eines Riesenmietshauses. Sie wohnt in einer Wohnung, die auf die Straße schaut. Hinter ihrem Haus aber geht man von Innenhof zu Innenhof, von einem Haus zum dahinterstehenden. In den Höfen steht meistens ein langer, dünner Baum, der zu wenig Licht bekommt, und der sich mager nach dem

Himmel streckt. Ein paar Blumensträucher, meistens Hortensien, die man schon lange nicht mehr geschnitten hat, drücken sich an einen rostigen, unnötigen Eisenzaun.
Der Aufgang im Haus ist dunkel, verwohnt, aber gekehrt und ordentlich. Die Toilette ist wie immer auf halber Treppe, ohne Heizung, und oft funktioniert die Spülung nicht. Dann stinkt es. Diese Wohnungen sind groß, es gibt aber keine Zentralheizung, keine Bäder und keine Duschen.
In der dritten Etage klingelt Sülcran. Sie freut sich, sie kommt nach Hause. Ein junges Mädchen von sechzehn Jahren öffnet ihr die Türe. „Hu", sagt Sülcran, „hier ist es ja noch kälter als draußen."
Die Tür zur Küche steht offen, auch hier ist es eiskalt. Sülcran hängt ihre Sachen im Flur auf.
„Sei leise", flüstert Saime, als Sülcran ins Wohnzimmer geht, „Nussan und Burhan schlafen."
Hier ist es warm. Wie im Geschäft herrscht überall größte Ordnung und Sauberkeit. Der Kachelofen gibt eine schöne Wärme ab, die

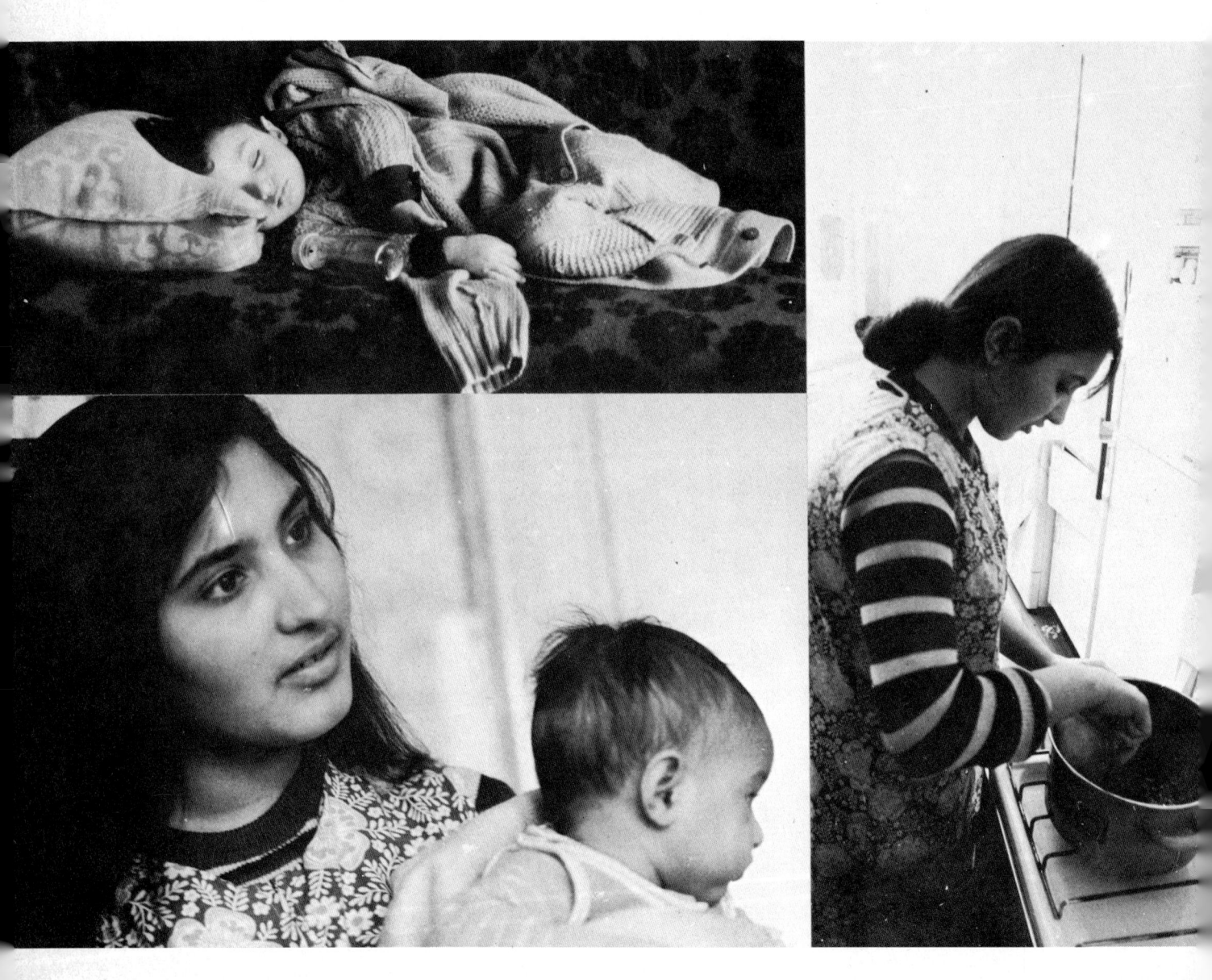

sich in dem großen Raum verteilt. Auf dem Sofa liegt ein Säugling. Es ist die vier Monate alte Nussan. Auf dem anderen Sofa schläft der zweijährige Burhan. Saime besorgt den Haushalt und die Kinder. Sie geht in keine Schule, da Vater und Mutter arbeiten. Sie spricht nur türkisch. Sie ist sanft und tüchtig. „Komm", sagt sie zu Burhan, der aufwacht, „komm, du wirst doch nicht weinen. Du bist ja ganz naß."
Burhan wird gewickelt, geküßt und ein bißchen in den Armen gewiegt. Saime scheint fröhlich und zufrieden. Sie liebt ihre Geschwister sehr.
In der Ecke läuft der Fernseher, aber ohne Ton, zu leiser türkischer Musik von einem Plattenspieler.
„Ich muß Nussan füttern. Sie schläft heute so lange. Die Wollsachen muß ich auch noch waschen", denkt Saime. Sie bindet jetzt ihre Haare hoch und geht in die eiskalte Küche, um zu arbeiten. „Paß auf die Kinder auf, ich spüle schnell und koche schon für heute abend", sagt sie zu Sülcran.

„Burhan wollen wir ins große Schlafzimmer der Eltern gehen?" Sülcran braucht Garn aus dem Schrank im elterlichen Schlafzimmer, das zur Zeit aus Sparsamkeit nicht geheizt wird und am anderen Ende des Flurs liegt.
„Rühr nichts an, Burhan", ruft Sülcran, „Mama schimpft."
Hier stehen neue Möbel und eine Spülmaschine in großen Plastikhüllen, die nie weggenommen werden. Alles muß neu sein, wenn Familie Küpeli einmal in die Türkei zurückkehrt. Auf dem Schrank stehen die neuesten Küchenmaschinen, ebenfalls in Plastikhüllen eingepackt. Auch sie werden für später aufbewahrt und nie benutzt. Später heißt immer: wenn wir einmal zurück sind.
„Am Sonntag zünden wir hier den Ofen an, und dann gibt's Baklava und Tee", sagt Sülcran zu ihrem Bruder.
Burhan lacht. Was Baklava ist, versteht er besonders gut.
Sonntags kommen immer türkische Freunde. Dann sitzt man um die Teemaschine, ißt Kuchen, lacht und erzählt.

„Hier ist es wie in einem Eisschrank", sagt Sülcran, „komm, wir gehen wieder zu Nussan ins Wohnzimmer."
Dieses Zimmer ist während der Wintermonate das Wohn-, Eß- und Schlafzimmer für die ganze Familie. Es leben sieben Personen in diesem Raum. Das Schlafzimmer der Eltern kann nur einmal in der Woche geheizt werden – jeden Tag wäre zu teuer.
Sülcran hat ein Zimmer, das sie mit Saime teilt, das aber nur im Sommer benützt wird. Sie hat es mit ihren Lieblingsschauspielern ausstaffiert, damit die häßlichen Wände etwas verschwinden. Sie kennt die Schauspieler nur vom Fernsehen, denn die Kinder dürfen nie ins Kino, nie in ein Jugend-Konzert oder in einen Jugendclub.
„Mädchen gehören nicht auf die Straße", sagt Frau Küpeli, „wenn wir mitgehen, ist es etwas anderes." Sülcran darf auch nicht zu ihrer deutschen Freundin nach Hause. Alle Küpeli-Kinder bleiben in ihrer Freizeit zu Hause oder gehen mit den Eltern aus. Nur Oshan, der vierzehnjährige Bruder, hat etwas mehr Frei-

heit. Er ist ein Junge. Er gehört schon zu den Männern. In den Wintermonaten bleiben die Kleinen ganz zu Hause, es ist zu kalt zum Ausgehen.
Nach den Schulaufgaben sitzt Sülcran bei ihrer Schwester Saime, und sie hüten die jüngeren Geschwister. Sie flicken und bügeln zusammen, oder Sülcran häkelt mit einer ganz feinen Häkelnadel und sehr dünnem Garn zauberhafte Spitzen mit komplizierten Mustern. Sülcran liest gerne, schaut oft Fernsehen; am schönsten aber ist für sie Musik.

Sie besitzt viele türkische und deutsche Tanz- und Schlagerplatten. Sülcran will später in einem Büro arbeiten und Sekretärin werden. Sie möchte gern noch eine Handelsschule besuchen.

„Hallo, Nuhran!" Ein zierliches, neunjähriges Mädchen huscht ins Zimmer. „Du mußt zuerst etwas essen", sagt Sülcran, „ich hol dir was."
„Ich will Schulaufgaben machen."
„Nein, zuerst mußt du essen."

Nuhran geht seit der ersten Klasse auf eine deutsche Schule und kann nicht nur sehr gut deutsch lesen und schreiben, sondern auch türkisch. Damals gab es noch einen türkischen Lehrer an der Schule. Dann macht Nuhran deutsche, langweilige Schulaufgaben. „Was heißt denn das: gemächlich, ä, c, h, lich?" Nuhran schreibt schön und mit großem Fleiß. „Heißt es vor **dem** Tor oder vor **den** Tor?" Nuhran entscheidet sich für vor dem Tor. „Das ist schöner.
Wo ist mein Buch?" ruft Nuhran, als sie mit den Schularbeiten fertig ist. Und dann vertieft sie sich in ein türkisches Geschichtenbuch.
„Nuhran", ruft Saime.
„Nuhran", ruft Sülcran. Nuhran hört nichts. Nuhran liest.

Um fünf Uhr kommt Oshan, der älteste Sohn.
„Wo warst du denn?" fragt Saime.
„Im Geschäft bei Papa." Er hat Gemüse sortiert, Kisten geleert, den Müll herausgetragen, gefegt, Kisten gestapelt und die Regale aufgefüllt.

„Ich muß jetzt gleich Aufgaben machen", sagt er. Oshan will später Arzt werden. Er spricht schnell deutsch, aber nicht so gut wie Nuhran und Sülcran. „Komm, Burhan", sagt Oshan und wirbelt den Bruder ein paarmal durch die Luft. Burhan kreischt vor Vergnügen.
„Du, laß doch das Kind im Bett!" sagt Saime, als Oshan auch das Baby aus dem Bett holen will.
„Nur einmal, ich hab sie ja den ganzen Tag nicht gehalten."
Als er Nussan wieder zurücklegt, schreit sie.

„Siehst du!" sagt Saime sanft.
„Hier hast du ein Blatt Papier", sagt er zu Burhan. Burhan will auch Aufgaben machen. Oshan schimpft nicht, als der Kleine auf sein Heft kritzelt.
Frau Küpeli ist am Abend zu ihrem Mann ins Geschäft gegangen.
„Gib mir bitte eine Fanta, bevor wir Kasse machen", sagt sie. „So, jetzt geht es besser."
Und dann rechnen sie ab. „Wir können zufrieden sein", sagt sie zu ihrem Mann, „das Geschäft war heute gut."

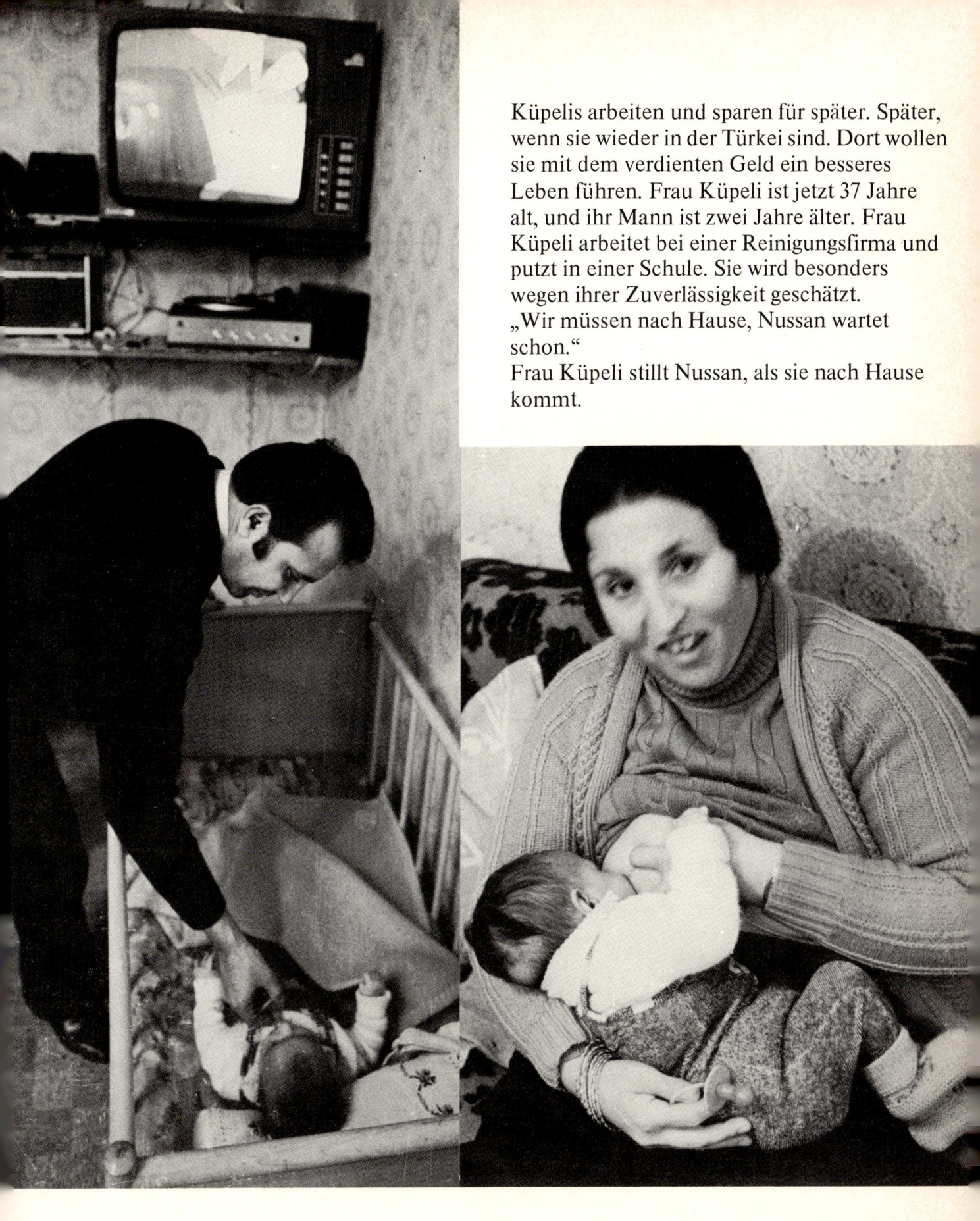

Küpelis arbeiten und sparen für später. Später, wenn sie wieder in der Türkei sind. Dort wollen sie mit dem verdienten Geld ein besseres Leben führen. Frau Küpeli ist jetzt 37 Jahre alt, und ihr Mann ist zwei Jahre älter. Frau Küpeli arbeitet bei einer Reinigungsfirma und putzt in einer Schule. Sie wird besonders wegen ihrer Zuverlässigkeit geschätzt.
„Wir müssen nach Hause, Nussan wartet schon."
Frau Küpeli stillt Nussan, als sie nach Hause kommt.

„Burhan, hol mal den Kamm, Papa will dich kämmen und deine Hände waschen.
Saime, du kannst den Tisch decken. Räumt eure Sachen auf. Sülcran, hol das Essen", sagt Frau Küpeli.
Es gibt viel rohes Gemüse. Gurken, Tomaten und gebratene Fleischstückchen. Dazu wird klares Wasser getrunken. Der Vater versorgt Burhan. Das Baby ist bei der Mutter und hat seine Schreistunde.
Frau Küpeli ist streng, sie hält auf Ordnung.
„Meine Mutter hat es auch so gemacht", sagt sie oft.
Nach dem Essen schaut die ganze Familie noch eine Fernsehsendung an. Da es draußen kalt ist, schlafen alle hier in dem einen Zimmer. Die Betten werden gerichtet. Man wäscht sich auch in diesem Zimmer, in der Küche ist es zu kalt. Das ist sehr umständlich.
„Ach, ich freu mich, wenn es wieder Sommer ist", sagt Sülcran.
„So geht es auch", sagt die Mutter.

Du hast sicher schon das Wort „Gastarbeiter" gehört. So nennen viele Leute die ausländischen Arbeiter. Sie kommen zu uns, weil sie keine Arbeit zu Hause gefunden haben, und weil wir ihre Arbeit bei uns brauchen. Es gibt Zeiten, in denen man diese fremden Arbeiter weniger oder nicht mehr braucht. Dann möchte man sie los sein und vergißt, wie sehr man ihre Arbeit kurz vorher noch gebraucht hat.
Fremde Arbeiter sind immer wieder ausgenützt worden, z. B. durch zu hohe Mieten für schlechte Wohnungen. Sie sind auch manchmal schlecht behandelt worden. Man hat sie nicht in die Gemeinschaft aufgenommen, sondern ihnen vorgeworfen, sie kosteten Platz und Geld. Es heißt oft: „Nur ein Türke" oder „natürlich ein Grieche", wenn etwas Ungesetzliches passiert ist. Küpelis hatten harte Zeiten. Aber die ganze Familie mit Onkel und Tanten hat zusammengehalten. Sie haben auf vieles verzichtet und haben hart gearbeitet. Es geht ihnen gut, an anderen Türkenfamilien gemessen.
Wird Saime ihren Platz im Leben finden?
Wird Sülcran bei uns eine Stelle in einem Büro bekommen, wird Oshan Arzt werden können?
Warum, glaubst du, erlaubt Frau Küpeli nicht, daß Sülcran zu ihrer deutschen Freundin geht?
Hast du einen Freund oder eine Freundin, die aus einer fremden Arbeiterfamilie stammt?
Hast du mal bei ihnen gegessen? Hat es dir gefallen?
Möchtest du einmal in die Türkei reisen?

Das adoptierte Baby

Herr Nahler hat seinen freien Tag. Er macht heute die Besorgungen und die häuslichen Arbeiten. Er versorgt auch Julia. Bevor Christiane fortgeht, bindet sie Julia mit einem Tragetuch Michael vor den Bauch. „Halt mal still, sonst kann ich die Bänder nicht festbinden." Julia fühlt sich sehr wohl. Bauch an Bauch mag sie. Sie hängt bequem. „Und ich hab die Hände frei zum Tragen – und zum Streicheln", sagt Michael lachend.
Seit acht Wochen ist Julia bei dem Ehepaar Nahler. Michael ist achtundzwanzig Jahre alt, seine Frau Christiane auch. Sie könnten selbst Kinder bekommen, aber sie hatten schon immer beschlossen, daß sie zuerst ein Kind annehmen würden.

Julia kam als Frühgeburt auf die Welt. Ihre Mutter konnte sie nicht bei sich behalten. Julia lag im Krankenhaus in einem Brutkasten, weil sie noch so klein und zart war. Dort hatte sie die Ärztin, Frau Nahler, gesehen. Als Julia ins Säuglingsheim kommen sollte, sagte Frau Nahler zu ihrem Mann: „Du, schau sie dir einmal an: ich glaube, wir sollten Julia zu uns nehmen; sie sollte nicht ins Heim."
Das hatte auch Herr Nahler gefunden, als er Julia sah und ihre Geschichte hörte. Von da an waren sie regelmäßig ins Krankenhaus gegangen, um Julia abwechselnd zu füttern. Sie wußten aber noch nicht, ob sie Julia bekommen, denn man kann sich ein Kind nicht aussuchen. Die Adoptionsstelle benachrichtigt die zukünftigen Adoptionseltern, wenn zwei Kinder zur Adoption freigegeben werden. Von diesen beiden Kindern dürfen

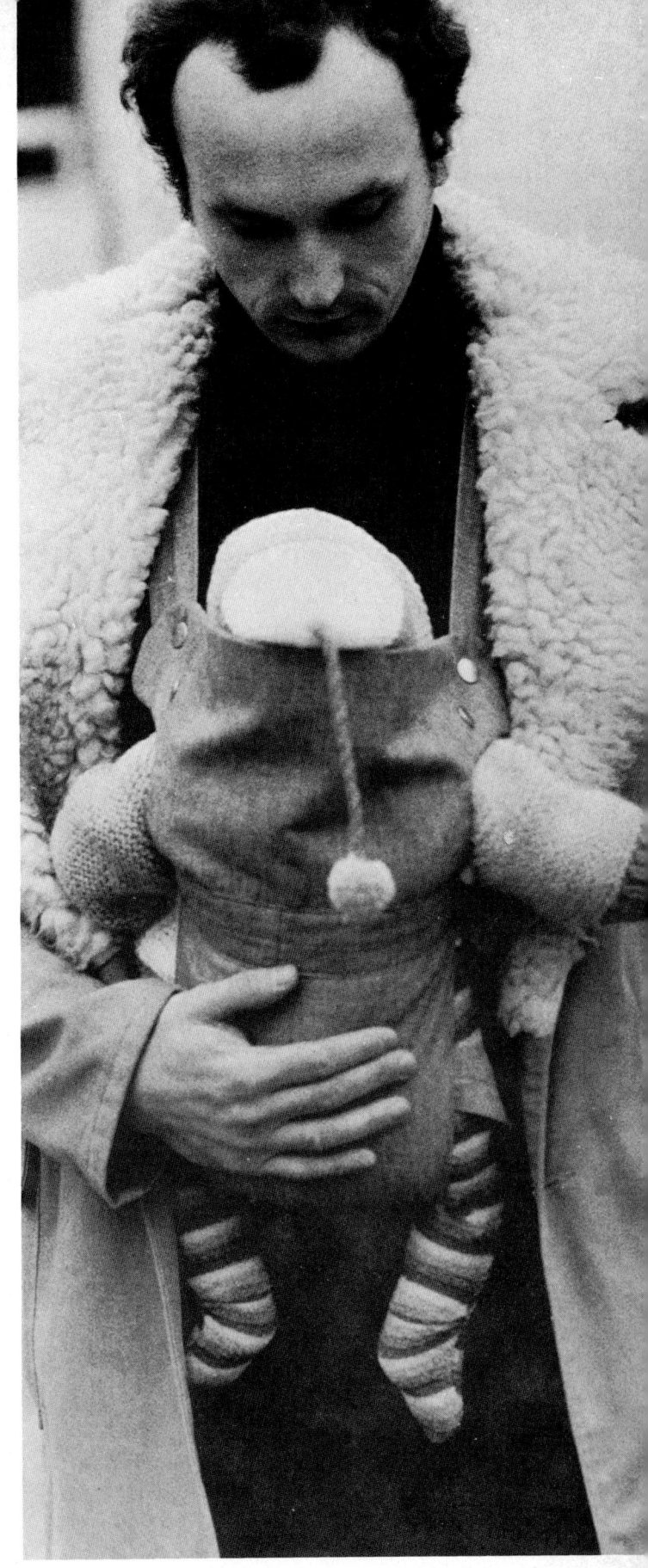

sie sich eines „auswählen". Nahlers wollten gerne Julia, sie wußten aber noch nicht, ob sie eines von diesen zwei Kindern sein wird.
„Kannst du dir wirklich denken, daß sie immer da ist, daß sie unser Kind wird?" fragten sich Michael und Christiane.
„Hast du daran gedacht, wie sich unser Leben verändern wird?" Als Julia zur Adoption freigegeben wurde, hatten sie viel nachgedacht. Sie wußten beide, daß sie Julia lieben könnten, und daß sie sie adoptieren wollen.
Eine Mutter und ein Vater, die ein Kind erwarten, wissen gewöhnlich neun Monate lang, daß sie ein Baby bekommen. Vater und Mutter haben das Kind zusammen gemacht. Die Mutter trägt es in ihrem Bauch, bis es groß genug ist, um auf die Welt zu kommen. Sie haben viel Zeit, über das kommende Baby nachzudenken, wie es sein wird, wie es heißen wird, ob es ein Junge oder ein Mädchen wird. Sie haben sich langsam an den Gedanken gewöhnt, ein Kind zu bekommen. Am Ende der neun Monate warten sie meistens ungeduldig auf die Geburt.

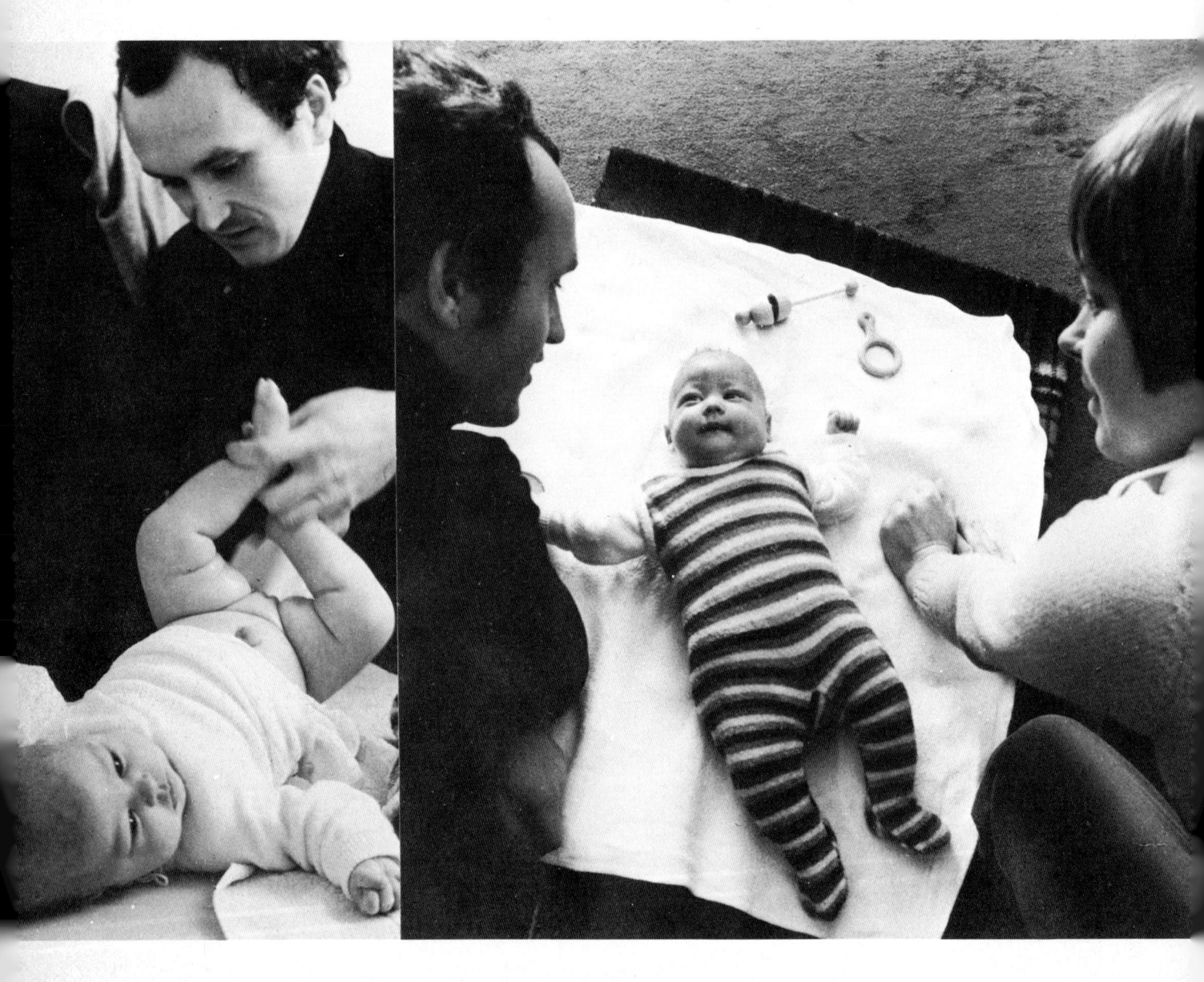

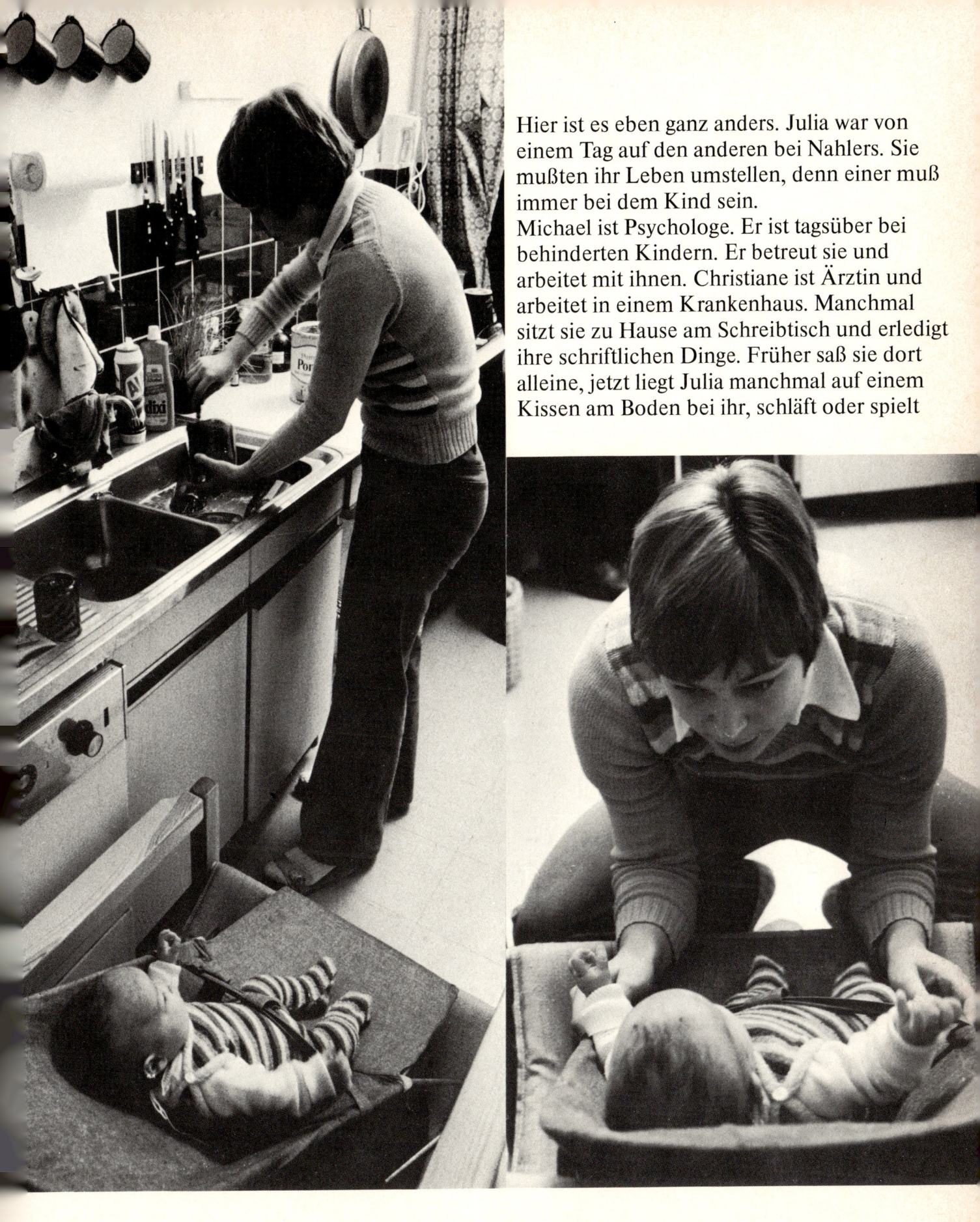

Hier ist es eben ganz anders. Julia war von einem Tag auf den anderen bei Nahlers. Sie mußten ihr Leben umstellen, denn einer muß immer bei dem Kind sein.
Michael ist Psychologe. Er ist tagsüber bei behinderten Kindern. Er betreut sie und arbeitet mit ihnen. Christiane ist Ärztin und arbeitet in einem Krankenhaus. Manchmal sitzt sie zu Hause am Schreibtisch und erledigt ihre schriftlichen Dinge. Früher saß sie dort alleine, jetzt liegt Julia manchmal auf einem Kissen am Boden bei ihr, schläft oder spielt

und merkt, daß ihre Mama bei ihr ist. Manchmal steht Christiane auf und legt sich neben das Baby und redet mit ihm. Wenn Christiane in der Küche kocht oder abwäscht, legt sie das Baby in sein Tragsesselchen und läßt es dabeisein. Julia hat das schrecklich gern. So lernt sie auch ihre Mama besser kennen. Sie sieht und hört sie, gewöhnt sich an ihre Stimme und lernt wie jedes Baby zu denken: das ist meine Mutter. Immer wieder muß Christiane in die Hocke gehen, um ihr Baby ganz aus der Nähe anzuschauen.

„Julia, das ist doch besser, wenn du bei mir liegst, schau mich mal an, lach mal ein bißchen, schau deine Mama an."
Julia sucht mit ihren Augen Christianes Augen und plötzlich lächelt sie, hebt ihren kleinen Popo und strampelt.
„Morgen habe ich Dienst", sagt Christiane zu ihrem Mann. „Gehst du einkaufen? Ich hab alles aufgeschrieben."
Michael und Christiane versorgen das Kind abwechselnd oder gemeinsam: Der eine badet, der andere wickelt oder füttert Julia.

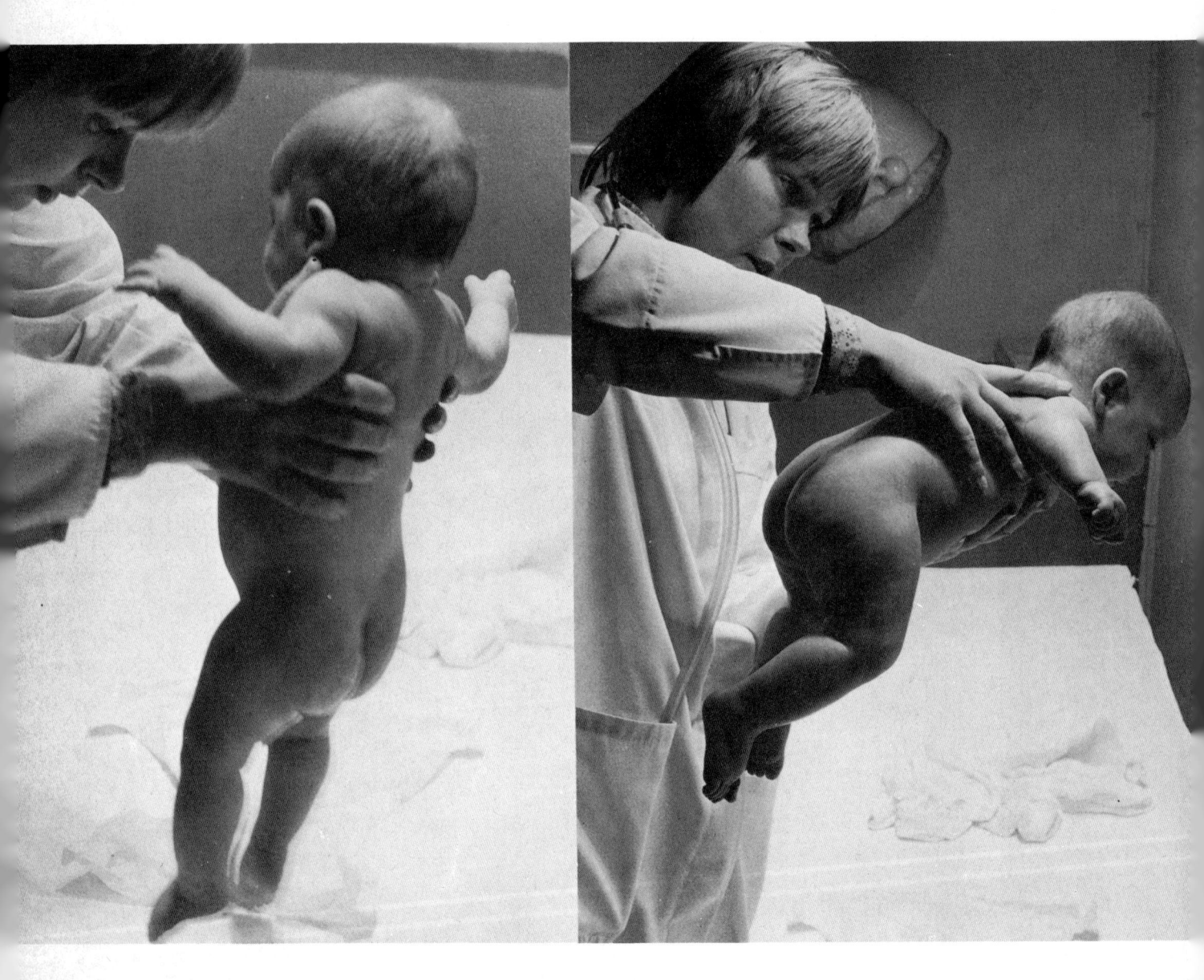

Einer ist so geschickt wie der andere. Das Baby lernt beide gleich gut kennen. Michael und Christiane lieben Julia. Sie beobachten sie, sie sehen ihre Fortschritte. Sie sind stolz auf Julia, denn sie sehen, daß sie ihnen beiden antwortet, daß sie zu ihnen gehört und doch jeden Tag mehr sie selbst wird.
„Morgen wird sie geimpft", sagt Christiane am Abend. „Ich nehme sie in die Klinik mit."
„Findest du nicht, daß sie gut in Schuß ist?" fragt Michael.
„Doch, aber ich untersuche sie morgen genau."

In der Klinik schaut Christiane ihr Baby mit den Augen eines Arztes an. Sie untersucht es, sie horcht es ab.
„Zeig mal, ob du greifen kannst, mit den Händen? Mit den Füßen? Kannst du dich abstützen? Die Arme strecken?" Julia kann das alles. „Wie schwer bist du denn? Den Kopf kannst du schon lange heben, du bist in Ordnung."
Und Christiane impft das Kind. Das Baby ist ganz ruhig. Plötzlich aber weint es. Als Ärztin hat Christiane das Kind aufgenommen, aber

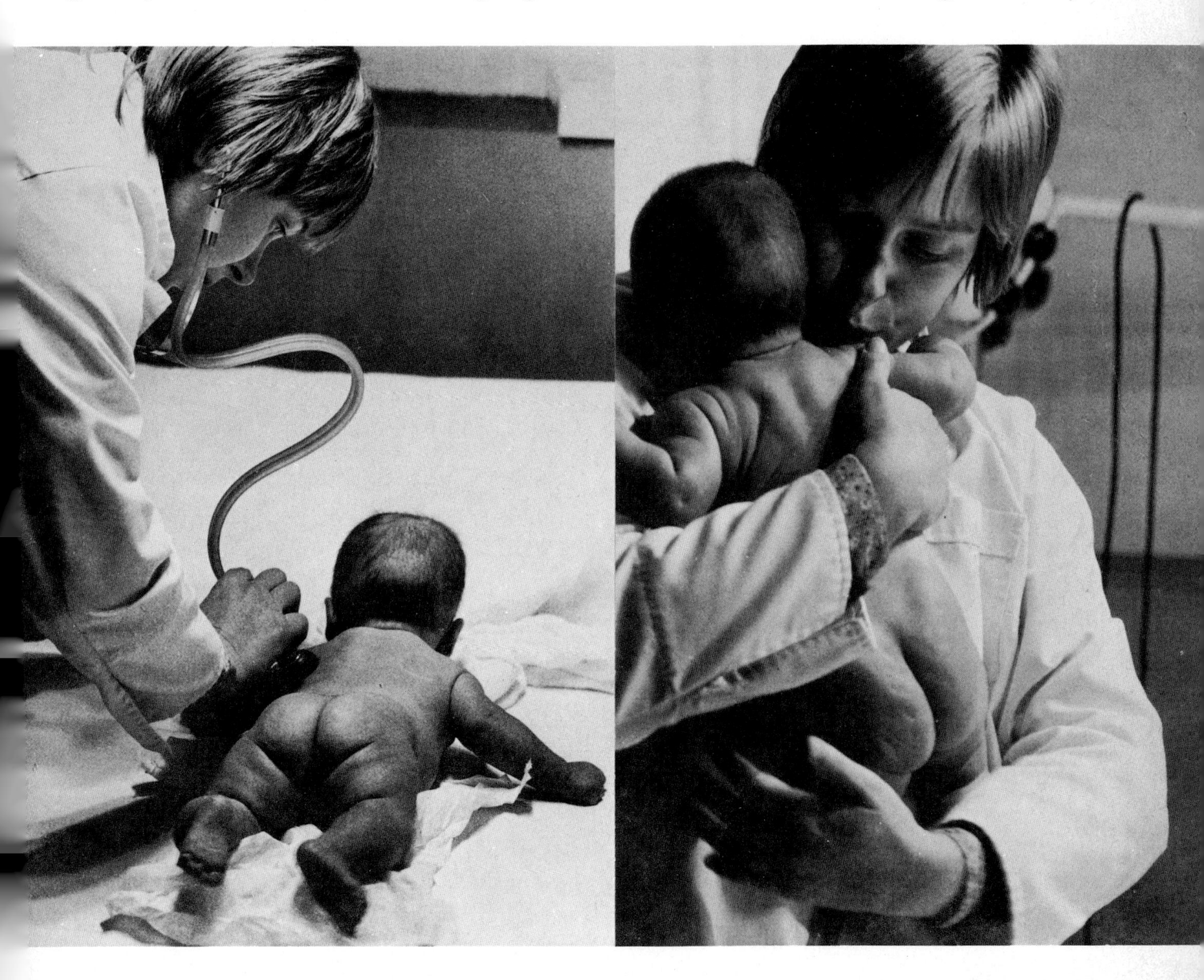

als Mutter tröstet sie es jetzt, drückt den kleinen Körper an sich und umarmt es zärtlich.

Am Abend kräht Julia in den Armen ihres Vaters und ihrer Mutter.
„Du, wir müssen noch diese ganzen Papiere ausfüllen", sagt Christiane.
„Welche Papiere?"
„Die für Julia."
Es braucht eine gewisse Zeit, bis ein angenommenes Kind, ein adoptiertes Kind, wie seine neuen Eltern heißen darf, bis es wirklich zur Familie gehört. Die staatliche Fürsorge, die sich um jedes Kind kümmert, das ohne Eltern ist, will genau wissen, ob Nahlers Julia behalten, ob sie sie erziehen können, ob sie sie gut versorgen, und was mit Julia passiert, wenn Nahlers eigene Kinder bekommen.
„Dieser Papierkram", stöhnt Christiane, „und was sie alles wissen wollen!"
„Das wird noch dauern, bis sie Julia Nahler heißt", sagt Michael, „unsere Julia ist sie schon lange."

Junge Ehepaare beschließen heutzutage häufig, daß sie auf eigene Kinder verzichten wollen, um ein Waisenkind oder ein verlassenes Kind wie ihr eigenes Kind aufwachsen zu lassen. Es gibt auch Eltern, die zu ihren eigenen Kindern ein solches Kind aufnehmen. Man weiß, daß ein Kind besser gedeiht, wenn es in einer engen Gemeinschaft aufwächst, z. B. in einer Familie. Vielleicht ist es dir schon passiert, daß du ein Mädchen oder einen Jungen aus deiner Klasse so lieb hast wie deine Schwester oder deinen Bruder? Vielleicht eine Zeit lang noch mehr? Eine Mutter, ein Vater oder Eltern können ein adoptiertes Kind genauso lieben wie ein leibliches.
Weißt du, daß eine Adoption nicht rückgängig gemacht werden kann? Wenn ein Kind adoptiert ist, gehört es zu seiner neuen Familie, wie du zu deiner, auch bei großen Erziehungsschwierigkeiten.
Könntest du dir vorstellen, eine Adoptivschwester oder einen Adoptivbruder zu bekommen?

Wir bleiben lieber für uns

„Axel, komm sofort herauf!" Frau Schneider hat gerufen. Sie ist erschrocken, wie der Gang dröhnt. Aber Axel erscheint nicht. Nach einer Weile kommt der Zehnjährige die Treppe herauf.
„Wo warst du?"
„Unten."
„Wo unten?"
„Bei Schillers."
„Ich habe dir doch verboten, in die Wohnung zu gehen."

„Wir waren ja im Garten und auf der Straße. Du, Mama, die haben ein Baby in der Wiege und eine richtige Eckbank in der Küche!"
„Du hast doch nichts gegessen? Axel, du hast doch nichts angenommen? Ich hab's dir doch streng verboten."
„Ich hab ja nicht gefragt, es war einfach ein Teller da, mit vielen Butterbroten für alle, und alle haben genommen." Axels Augen glänzen, er möchte gern mehr erzählen, aber die Mutter schaut so ärgerlich drein, daß er schweigt.

Schneiders sind seit fünf Wochen in ein Haus gezogen, in dem sechs Familien wohnen. Herr Schneider wurde von seinem Werk in Stuttgart in diese Kleinstadt am Bodensee geschickt, um eine Filiale mit aufzubauen. Herr Schneider ist Werkmeister. Pünktlich um halb sechs kommt er nach Hause, wenn er nicht Überstunden machen muß. Wenn er jemanden trifft, grüßt er ernst, bleibt aber nie stehen, um mit einem Nachbarn etwas zu plaudern. Seine Frau, eine kleine, schlanke, schwarzhaarige Person, verhält sich genauso. Sie macht ihre Einkäufe immer sehr schnell, spricht mit niemandem. Im Milchgeschäft hat man sie gefragt: „So, wohnen Sie jetzt auch in der Schulstraße?"
Sie hat ‚ja' geantwortet, aber kein Wort mehr.

Eines Abends sind sie in Nummer 5 eingezogen. Ein Nachbar wollte helfen, aber Herr Schneider hat gedankt: Es sei jemand vom Werk da, das genüge. Eine Woche später sind Schillers im Erdgeschoß eingezogen. Sie bewohnen eine Doppelwohnung, weil sie fünf Kinder haben. Einer davon, Wolf, geht mit Axel in die gleiche Klasse. Sie haben sich angefreundet.

An dem Sonntag, nachdem Schillers eingezogen waren, hat es gegen Mittag bei Schneiders geklingelt.
„Wer kann denn das sein? Wir kennen doch niemand. Vielleicht der Pfarrer? Warte, laß noch mal klingeln."

Und es hat noch einmal geklingelt. Herr Schneider öffnete die Tür etwas und fragte: „Ja, bitte?"
„Wir sind Ihre neuen Nachbarn und wollten ‚Guten Tag' sagen, wenn wir Sie nicht stören. Unsere Kinder gehen ja in dieselbe Klasse."
Zögernd hat Herr Schneider Schillers hereingebeten und seine Frau geholt. Frau Schiller redete munter drauf los und erzählte von den Kindern, dem Beruf ihres Mannes, der Fahrer bei einer Firma des Ortes war. Auch der Mann erzählte und bat um einige Auskünfte. Wo man zum Beispiel am besten einkaufen könne . . .
Aber Schneiders waren einsilbig: „Wir wissen noch nichts. Wir kennen niemand. Wir leben sehr für uns. Dann hat man auch keine Scherereien."
Schillers blieben nicht lange.
„Wenn Sie den Axel zum Spielen schicken wollen, ist es uns immer recht. Bei fünf Kindern ist es egal. Wir haben auch ein Stück Land bei den Schrebergärten. Wenn Sie mal Äpfel wollen, wir wissen oft gar nicht wohin damit."
Schneiders dankten.
Als Schillers weg waren, sagte Frau Schneider: „Also, das finde ich schon ziemlich frech, so zu kommen und noch am Sonntag. So was. Die sind nur neugierig."
Herr Schneider war gerechter: „Wenn sie schon kommen, wann sollten sie denn kommen, außer am Sonntag?"
„Es war ja nicht mal aufgeräumt."
Also, da übertreibst du, bei uns ist immer aufgeräumt! Ich würde es gar nicht anders dulden."
„Man hätte ihnen gar was anbieten müssen. Nein, nein, wir wollen für uns bleiben. – Und von den Äpfeln wollen wir nichts – sonst schuldet man nur etwas."
Axel ist jeden Tag bei Schillers. Einmal muß er Aufgaben mit Wolf machen, einmal will er spielen oder was fragen.
„Du bist mehr da unten als sonstwo!" Und Frau Schneider hat langsam einen Haß auf Schillers.
„Darf denn der Wolf nicht mal zu uns und Vater zeigt uns die Carrera-Bahn? Der Wolf bringt seine Carrera mit, und wir machen ein ganz großes Netz."
Die Eltern weichen aus: Es sei kein Platz. Außerdem kenne man diese Leute doch nicht.
„Du hast doch hier alles, was du brauchst, Axel!"
„Ach, da unten ist es immer so lustig, und die streiten so komisch und kennen so tolle Spiele. Und das Vesper schmeckt so gut an dem großen Tisch."
Axels Freude macht Frau Schneider noch argwöhnischer: „Das Brot ist vom selben Bäcker", meint sie.
„Scheibenkleister, jetzt ist mein Füller kaputt", unterbricht sie Axel.
„So, das Wort, das hast du nur von Schillers. Ich will nicht mehr, daß du hingehst, daß du es weißt. Sonst gibt's wieder Hausarrest."
Axel geht doch, und die täglichen Konflikte werden immer größer.
„Ich laß mich nicht so herumkommandieren", sagt Axel einmal zu seiner Mutter, „bei euch ist's langweilig. Nichts darf man, am liebsten möcht ich manchmal gar nicht mehr nach Haus!"
„Dann geh doch zu deinen Schillers –"
„Ach was, Schillers."

Und eines Abends ist Axel wirklich nicht nach Hause gekommen. Herr und Frau Schneider haben gesucht, gerufen. Herr Schneider ist zu Schillers gegangen, weil sie ein Telefon haben. Er hat die Polizei alarmiert. Herr Schiller ist mit seinem Auto auf Suche gegangen. Frau Schneider hat in ihrer Küche

gesessen, voller unheimlicher Angst. Frau Schiller ist bei ihr geblieben.
Am nächsten Morgen hat man Axel gefunden, er war bis zur Schweizer Grenze gelaufen. „Warum bist du denn weg, Axel? Sag's uns doch", fragten die Eltern, als Axel stumm und blaß vor ihnen stand. Aber Axel hat geschwiegen, er hat tagelang geschwiegen, auch als Wolf kam. Den haben die Eltern zum Spielen geholt, auch die Carrera-Bahn haben sie aufgebaut. Aber Axel hat geschwiegen. Er hat auch kaum gegessen. Nur sehr langsam hat er wieder angefangen, zu sprechen und mit Wolf zu spielen. Sehr, sehr langsam.

Es fing an, ihm besser zu gehen, als er an einem Spätnachmittag wieder bei Schillers saß und nach einem Butterbrot griff. Er aß aber nur die Hälfte.
„Die andere Hälfte bring ich meiner Mutter", sagte er plötzlich, „damit sie schmeckt, wie gut dieses Brot ist."

Axels Eltern leben lieber für sich. Sie wollen keine Verbindungen nach außen. Sie merken nicht, daß ihre Einsamkeit sie eng und mißtrauisch werden läßt. Sie sind selten fröhlich und entspannt.

Axel ist ein netter Junge. Er braucht Kameraden, besonders weil er keine Geschwister hat. Schillers sind eine nette Familie, wie es viele gibt. Bei ihnen ist immer etwas los. Die Kinder bringen Leben ins Haus.

Dieses Leben gefällt Axel. Deshalb ist er so viel bei Schillers. Zu Hause wird wenig miteinander gesprochen. Axel fühlt sich oft bedrückt. Die Mutter treibt Axel in die Enge. Sie ist eifersüchtig auf Schillers, bei denen Axel etwas findet, was sie ihm nicht gibt.

Axel hat einen fragwürdigen und schwierigen Ausweg gewählt. Er wußte sich nicht anders zu helfen. Wie beurteilst du seine Flucht? Kann Axel wieder der alte werden?

Eine Wohngemeinschaft

Jenny betrachtet zufrieden den vollen Küchentisch. „Wie ein Kaufladen! Habt ihr das alles geholt?" fragt sie Paul und Jochen. „Wir haben es für uns alle gekauft. Du brauchst Klopapier und wir brauchen Klopapier und Bärbel und Paul auch."
„Nur Baby noch nicht", sagt Jenny, „Baby ist erst ein Jahr, und ich bin fünf Jahre. Baby braucht Papierwindeln."
„Die haben wir auch mitgebracht und Saft, Kompott, Zucker, Kaffee, Dosenmilch, Nudeln. Komm, hilf mal, wir räumen alles ein. Erika muß zuerst Baby füttern. Thomas kommt heute spät."

Erika ist die Mutter von Baby, und Thomas ist ihr Mann. Beide sind Ärzte. Thomas arbeitet als Pathologe. Er beschäftigt sich mit den Krankheiten der Menschen, wie sie entstehen, an was man sie erkennt, wie sie sich entwickeln, wie lange man sie hat, und wie sie die Menschen verändern.
Erika, seine Frau, ist Ärztin für innere Krankheiten. Sie hat es besonders mit ansteckenden Krankheiten, wie z. B. Masern oder Scharlach zu tun oder mit Herz- und Kreislaufkrankheiten, mit Krankheiten der Nieren, der Leber und anderer Organe. Zur Zeit arbeitet sie nicht an einem Krankenhaus oder in einer Praxis, weil sie Baby versorgen will. Baby heißt eigentlich Karolin.

Bärbel ist die Mutter von Jenny; sie ist mit Paul verheiratet. Bärbel war Erzieherin, jetzt aber geht sie auf eine pädagogische Fachhochschule, weil sie Sozialarbeiterin werden will. Sie möchte sich später mit Kindern und Jugendlichen beschäftigen, um die sich niemand kümmert und um Familien, die es schwer haben und ihren Kindern nicht helfen können.

Bärbel übernimmt manchmal auch die Pflege von Karolin, wenn sie z. B. zu Hause eine Arbeit schreibt und wenn Jenny im Kinderladen ist. So nennen sie ihren Kindergarten. Die Ehepaare helfen sich oft aus. Erika kümmert sich natürlich auch um Jenny. Wenn die beiden Frauen weg sind, „organisieren" sich die drei Männer. Thomas kommt am späten Nachmittag zurück. Dann nimmt er Karolin und spielt mit ihr, er wickelt sie, kocht ihren Brei, füttert sie und bringt sie zu Bett. Dann erledigt er noch anfallende Hausarbeit, wie die Wäsche oder staubsaugen.
Es wird nur abends gekocht. Paul kocht. Alle essen zusammen am großen runden Tisch in der Küche. Seitdem Erika und Thomas auch ein Kind haben, ist Karolin in ihrem Stühlchen natürlich dabei. Paul, Jennys Vater, kann sehr gut kochen. Die anderen können es auch, aber Paul kann es am besten. Er kocht oft, dafür tun die anderen etwas, was Paul dann nicht muß. Er ist Architekt. Paul denkt viel darüber nach, wie die Menschen wohnen sollten. Ein Haus für alte Leute muß ganz anders sein als ein Haus für Kinder, oder ein Haus für Blinde muß für die Bedürfnisse der Blinden gebaut werden.
In der Küche ist es sauber und gemütlich. Alles steht an seinem Platz. An der Wand hängt eine große Tafel, auf der mit Kreide aufgeschrieben wird, was besorgt werden muß: Milch oder Früchte oder Beutel für den Staubsauger zum Beispiel.

„Nächste Woche ist Thomas zu Hause. Ich könnte eine Vertretung in Charlottenburg übernehmen", sagt Erika.
„Was tust du da?" fragt Jenny. „Ich übernehme die Arbeit eines Arztes, der eine Woche verreisen muß. Ich untersuche die Kranken, ich gebe ihnen Rezepte für die Medizin, und ich rede mit ihnen."
„Ich bin auch da", sagt Bärbel, „ich muß für eine schriftliche Arbeit lernen. Ich kann Thomas ein paarmal bei Karolin ablösen."
„Würde es also passen, wenn ich nächste Woche arbeite?"
„Wir warten noch auf Jochen und besprechen uns heute abend."

Jochen lebt auch in der Wohngemeinschaft. Er ist nicht verheiratet; von Beruf ist er Erzieher und Sozialarbeiter. Jetzt studiert Jochen Soziologie an der Universität, d. h. er will lernen, wie die Menschen leben und arbeiten, was sie früher interessierte und was sie heute interessiert, und wie sie sich zueinander verhalten.

Beim Abendessen werden viele Probleme besprochen.
„Mein Auto ist kaputt", sagt Jochen, „hoffnungslos kaputt. Nimmt mich jemand morgen früh mit?"
„Ich bring und hol dich, wenn du mir deine Zeiten sagst."
„Bis zu den Ferien besorge ich mir ein alt-neues Auto", sagt Jochen. „Nicht wahr, Jenny?"

„Wer putzt denn heute die Küche?"
„Ich", sagt Bärbel.
Es ist nicht geregelt. Bärbel mag das nicht.
„Man könnte doch einfach ausmachen, wer was machen soll."
„Beruhige dich, es hat doch immer alles geklappt. Oder?"

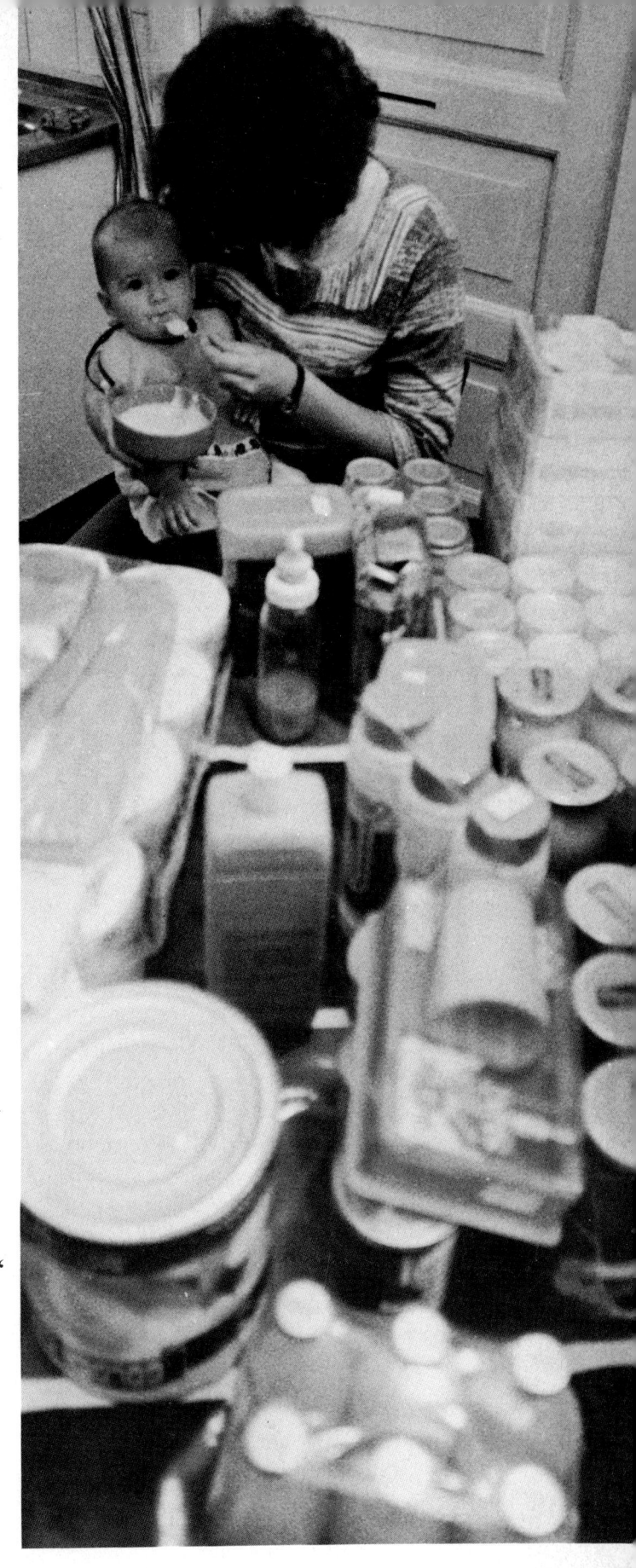

85

„Wir sollten noch einmal über das Draußenspielen reden. Jenny darf nicht auf die Wiese vor dem Haus ohne mich, d. h. es darf immer nur ein Kind und ein Erwachsener auf diesen albernen Platz", sagt Bärbel.
Die Gemeinschaft bespricht das Problem. Jochen kümmert sich genauso wie die Elternpaare darum, wo die Kinder spielen dürfen. Probleme gehen immer alle an.

Morgens bringt Paul um Viertel nach acht Jenny in den Kinderladen; von dort aus geht Paul arbeiten. Thomas geht schon um halb acht fort; Jochen steht meistens um diese Zeit auf. Es gibt aber nur ein Badezimmer. Die Gemeinschaft hat also beschlossen, daß eben alle gleichzeitig ins Badezimmer dürfen. Um Sieben rasiert sich Paul, Jenny hockt auf dem Topf, ihre Mutter sitzt auf dem Klo, Jochen duscht sich und Erika steht in der Badewanne.
Erika kümmert sich um Karolin; wenn sie arbeitet, übernimmt ein anderer das Baby. Wenn alle fort sind, kann Erika, die sehr gut

Klavier spielt, etwas üben. Sie möchte gerne mehr üben, aber wenn Jochen und Paul zu Hause sind und arbeiten, muß sie darauf verzichten. Das ist oft hart. Erika macht ihre Zimmer und ihre Wäsche. Wenn noch Wäsche von Paul oder Jochen da und die Waschmaschine nicht voll ist, wäscht sie diese mit. Das ist selbstverständlich.
Am Wochenende übernimmt Thomas die Hausarbeit, und Erika hat Zeit zum Lesen oder Arbeiten.
Jeder zahlt 35,-- DM in der Woche in die Essenskasse. Wenn Besuch da ist, bezahlt er für sich oder einer der Mitglieder bezahlt für ihn. Es wird manchmal etwas knapp mit dem Geld, wenn alle verreisen und einer allein zu Hause bleibt. Das passiert hin und wieder in den Ferien.
„Wie machen wir es mit der Miete?", haben sie sich damals gefragt.
„Wir messen aus. Wer ein größeres Zimmer hat, zahlt mehr."
Wasser und Strom teilen sie sich auch. Paul, Bärbel und Jenny bezahlen natürlich mehr als

Jochen. Jochen bezahlt nur für eine Person. Erika und Thomas bezahlen für sich und Karolin. Mit dem Telefon wird es ebenso geregelt. Jeder schreibt auf, wann er telefoniert hat und wie lange. Das muß er jeden Monat bezahlen.

Die Familien trennen sich in den Ferien. Erika, Thomas und Karolin bleiben manchmal allein in der Wohnung. Für die nächsten Ferien hat sich Erika vorgenommen: „Ich lade meine Großmutter ein. Sie kann in Jochens Zimmer wohnen, und ich spiel jeden Tag stundenlang Klavier."

Es hat lange gedauert, bis diese Menschen sich gefunden haben. Denn jeder wollte nur mit Freunden wohnen, mit denen er sich gut versteht. Sie wollten füreinander sorgen und sich helfen. Manchmal dachte einer von ihnen, er wolle doch lieber alleine wohnen. Als aber Bärbel ein Kind erwartete, suchte Jochen eine Wohnung, eine große Wohnung, wo sie alle zusammen Platz hatten. Vierzehn

Tage bevor Jenny geboren wurde, zogen Bärbel und Paul mit Jochen in die Wohnung. Später zogen Thomas und Erika dazu. Jeder bekam sein Zimmer und konnte es so einrichten, wie es ihm gefiel.

Jeder darf in alle Zimmer, wenn die Türen offen sind. Wenn sie zu sind, dann wissen Jenny und die Erwachsenen: hier darf man jetzt nicht hinein; hier ist einer drin, der alleine sein will. Oder wenn jemand bei ihm ist, heißt das: die wollen nicht gestört werden!

Alle halten sich an diese Spielregel.
„Ich muß euch was erzählen", sagt Jochen noch beim Abendessen. „Vorgestern, als dieses Ehepaar bei uns war . . ."
„Die beim Fernsehen arbeiten?"
„Ja, die. Die Frau hat mich heute gefragt, wer denn hier mit wem verheiratet ist. Sie meinte, Thomas sei der Vater von Jenny. Wer die richtigen Mütter sind, war ihr auch schleierhaft."
„Karolin ist meine Schwester", sagt Jenny.
„Das hätte ich antworten sollen, Jenny. So ist es."

Weißt du, was ein Vorurteil ist? Wenn du jemanden oder etwas beurteilst und dir eine Meinung bildest, bevor du geprüft hast, ob dieses Urteil mit der Wirklichkeit übereinstimmt.
Z. B. bei Bianchis, den Italienern, stinkt es, Italiener sind schmutzig. Nur weil sie mit Öl und manchmal Knoblauch kochen und du das nicht gewöhnt bist.
Über die Wohngemeinschaften gibt es auch viele Vorurteile, weil hier Menschen eine Lebensform gewählt haben, die anders ist, als wir es gewöhnt sind. Sicher gibt es unordentliche und unerfreuliche Wohngemeinschaften. Aber es gibt auch solche Familien.
Diese Wohngemeinschaft hier findet, daß sie das Leben gemeinsam besser bewältigt, und daß ihre Kinder mehr mit den Problemen unserer Welt vertraut werden: Z. B. sich mit anderen Menschen solidarisch zu fühlen, Verantwortung für sie zu tragen, ihre Bedürfnisse zu kennen und mit ihnen zu teilen.
Trotzdem ist es nicht sicher, daß sie immer zusammen bleiben.
Was gefällt dir an dieser Wohngemeinschaft nicht?
Warst du schon einmal im Schullandheim?
Gab es dort Probleme des Zusammenlebens?
War es eine gute Erfahrung?

Manuela im Heim

„Manuela", ruft Frau Herms, „bist du fertig?"
Manuela antwortet nicht, sie steht am Fenster und schaut auf die Straße.
„Ich geh heute zu Ahrens", murmelt sie, „die holen mich mit dem Auto."

Manuela ist eines von neun Geschwistern.

Ein Bruder ist erwachsen und steht schon im Beruf, ein Vierzehnjähriger lebt in einem größeren Heim in Berlin-Spandau, ein Geschwisterchen ist gestorben, ein anderes wurde gleich zur Adoption freigegeben, ein kleines vierjähriges Mädchen lebt bei Vater und Mutter. Manuela, Frank und Ramona aber leben zusammen hier im Heim von Frau Herms. Die Geschwister kennen sich kaum untereinander. Sie wissen von einander, aber sie sehen sich nie, besonders die älteren Geschwister.

Frau Herms, Tante Greti genannt, ist die Leiterin des kleinen Heimes am Wannsee. Sie hat das Haus von ihrer Mutter geerbt, die es als ein privates Säuglingsheim eingerichtet hatte. Sie ist selbst ein adoptiertes Kind. Frau Herms übernahm die große Villa nach dem Krieg und richtete es für Kinder aus schwierigen Familienverhältnissen ein. Sie wollte besonders Geschwister aufnehmen, um ihnen zu ersparen, auseinandergerissen zu werden und dem Heim einen familienähnlichen Charakter zu geben.

Die siebenjährige Manuela teilt mit ihrem zehnjährigen Bruder Frank und ihrer neunjährigen Schwester Ramona das Zimmer. Es leben noch sieben andere Kinder im Haus, die zum Teil auch Geschwister sind. Alle gehen in Schulen oder Kindergärten der Nachbarschaft.

Manuela und ihre Geschwister hängen sehr an ihrer Mutter, die sie gut versorgt, wenn sie sich um sie kümmern kann. Sie mag ihre Kinder, besonders solange sie klein sind. Sie möchte auch die Kinder bei sich behalten und versucht es manchmal. Aber meistens muß sie sie ins Heim geben, wenn sie anfangen größer zu werden, weil sie zu große Schwierigkeiten im Leben hat. Frank leidet besonders unter dieser Trennung. Es gibt auch eine Großmutter, die an den Kindern hängt, keinen Geburtstag vergißt, die Kinder besucht, aber nicht ständig für sie sorgen könnte. Der Vater ist nett zu den Kindern, doch ihre Erziehung überfordert ihn. Mutter und Vater sind nur glücklich mit einem Baby. Manuela erzählt oft, daß sie auch ein Baby ist und von ihrer Mutter noch die Flasche bekommt. Das sind ihre Wünsche. Manuela hat heimlich eine Flasche und einen Sauger von zu Hause mitgebracht; damit spielt sie Baby.

Frau Herms hat für Manuela eine Familie gefunden, die eine Wochenendpatenschaft übernehmen will. Bei der Familie Ahrens wird sie eine Nacht und einen Tag verbringen. Manuela weiß nicht, daß Frau Ahrens erwägt, sie zu adoptieren, sie weiß nur, daß sie zu Besuch geht. Jedes Kind im Heim wünscht sich eine Familie, sogenannte Wochenendpaten, zu denen es gehen kann.

Herr Ahrens holt Manuela mit dem Auto ab. Die ganze Familie steht vor dem Haus, um

Manuela zu empfangen. Beide Eltern sind liebevoll zu Manuela. Johannes ist mit elf Jahren in einem Alter, in dem man Mädchen kritisch betrachtet, aber er ist freundlich zu Manuela. Michael ist neun Jahre alt und freut sich. Katharina ist ein Jahr älter als Manuela. Für sie ist dieser Besuch schwierig. Sie weiß, daß dieses Heimkind vielleicht immer zur Familie gehören wird. Damit ist sie aber ganz und gar nicht einverstanden. Doch das hat sie niemandem gesagt.

Zuerst trinkt die Familie Kaffee. Herr Ahrens schenkt Manuela Milch ein und streicht ihr ein Brot. Katharina verfolgt alles mit brennendem Herzen.
„Ihr geht jetzt zusammen spielen, ich richte das Mittagessen für morgen. Später komme ich zum Vorlesen", sagt Frau Ahrens.
Katharina zeigt Manuela ihre Spielsachen und ihre Schätze. Manuela ist entzückt, besonders von einer großen Puppe.
„Das ist meine Puppe", sagt Katharina und ergreift sie, „du kannst die haben."

Beide sitzen wortlos, jeder in einer Ecke vom Sofa.
„Schau mal", sagt plötzlich Katharina, „schau mal dieses Kettchen an, gefällt es dir?"
Manuela nickt stumm, sie würde das Kettchen sehr gerne haben.
„Du bekommst es" – hier zögert Katharina – „in einem Jahr, wenn du brav bist."
Manuela schaut auf den Boden, etwas Spucke läuft aus ihrem Mund.
„Komm, ich zeig dir den Kaufladen."
Manuela rührt nichts an, sie schaut traumverloren vor sich hin, untätig und fremd. Sie zieht aus ihrer Tasche eine kleine Flasche mit einem Sauger und fängt an zu nuckeln.
„Das gehört aber mir", sagt Katharina.
Hier setzt sich Manuela energisch zur Wehr: „Nein, die habe ich von meiner Mutter, die gibt mir immer damit zu trinken. Meine Mutter gibt mir alles, was ich will." Dann ist sie still.
Sie geht zu Johannes und Michael, die mit ihrer Eisenbahn spielen. Beide sind so mit dem Umbauen der Gleise beschäftigt, daß

Manuela wieder zu Katharina zurückkehrt und teilnahmslos ihrem geschäftigen Spiel zusieht.

Ahrens' wiederholen diese Besuche ein paar Mal. Sie müssen sich aber eingestehen, daß der Versuch, Manuela in die Familie aufzunehmen, nicht glückt. Es ist ihr Wunsch, aber nicht der Wunsch der Kinder.
Die Familie ist gespalten. Katharina lehnt Manuela einfach ab. Sie ist eifersüchtig. Die Besuche werden seltener. Hin und wieder geht Manuela zu Ahrens'. Es geht jetzt besser, denn Katharina weiß, daß Manuela nicht zu ihnen ziehen wird.

Manuela hat inzwischen neue Erfahrungen gemacht. Ein Ehepaar hat sich gemeldet, das Manuela gern aufnehmen möchte. Es ist kinderlos und wünscht sich schon lange ein Kind.
Manuela hat sie zuerst ein paar Mal besucht, dann ist sie jedes Wochenende zu ihren Wochenendpaten gegangen. Sie hat zu der

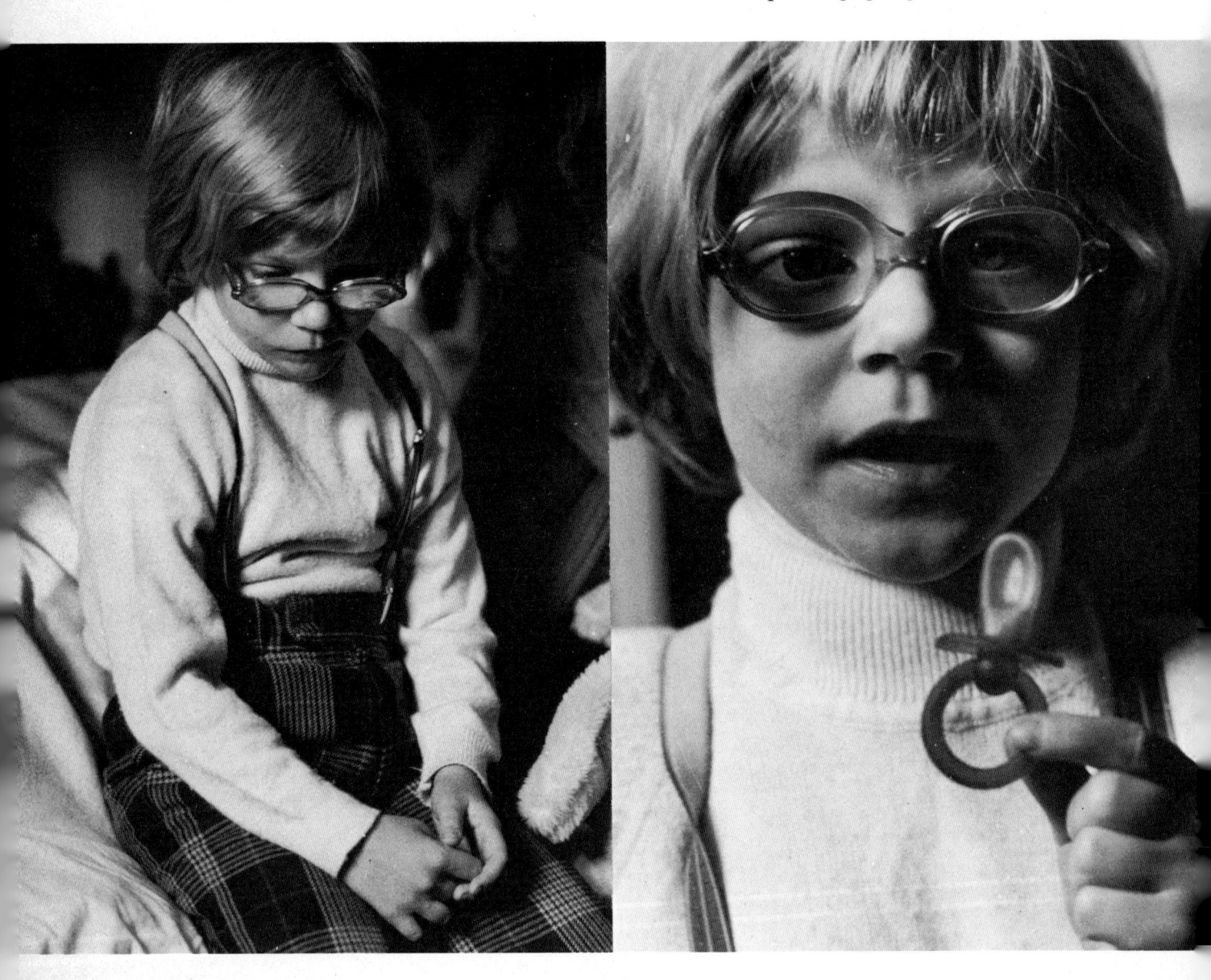

Frau „Mama" gesagt. Sie ist neu eingekleidet worden, sogar eine neue Brille hat sie bekommen.

Die neuen Pflegeeltern haben sie oft zum Ponyhof mitgenommen, damit sie reiten kann. Aber Manuela hat weniger Spaß gehabt, als es sich die neuen Eltern vorgestellt haben. Manuela ist mit ihnen nach Polen in die Ferien gereist, denn das Ehepaar war entschlossen, sie zu behalten. Doch Manuela ist nicht richtig aus sich herausgegangen, so sehr sich die neuen Eltern auch bemüht haben.

Manuela fantasiert viel, erfindet Geschichten, erzählt von der Mutter, sie entwickelt aber keine Beziehung zu diesen Menschen, die sie Papa und Mama nennt. Sie bleibt ohne Bindung und einsam. Manchmal wird sie aufsässig, gehorcht nicht, auch nicht in gefährlichen Situationen. Eines Abends, beim Nachhausefahren, spielt sie mit der Autotür. Sie wird gewarnt, doch sie öffnet die Tür und fällt beinahe hinaus. Die neuen Eltern sind geschockt. Sie rufen Frau Herms an und erklären, daß sie Manuela wieder zurück-

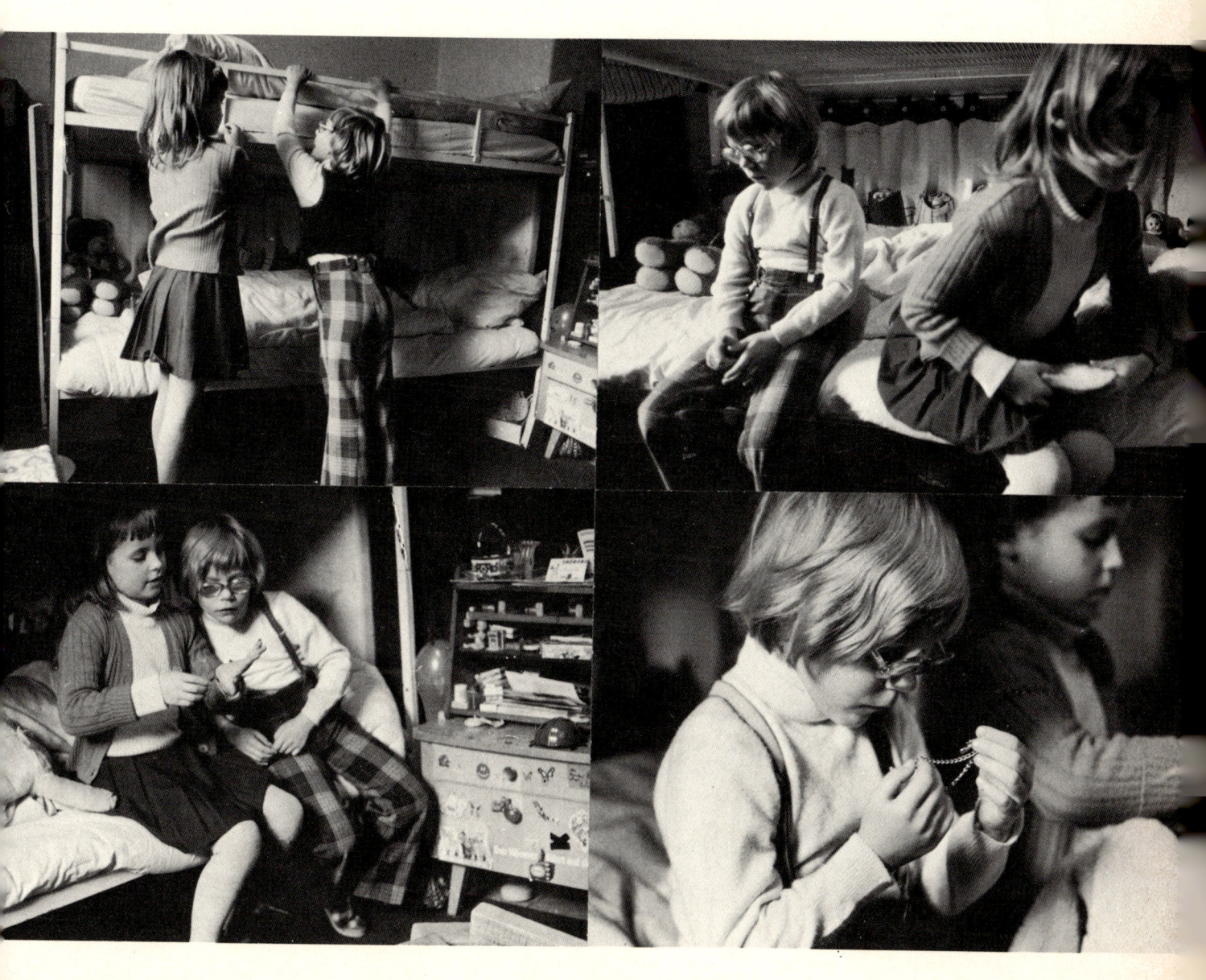

bringen wollen. Sie könnten keine Verantwortung für sie übernehmen. So kommt Manuela zurück ins Heim, zurück in ein Haus, wo sie jeder kennt und wo ihr alles vertraut ist. Wo es Tante Greti gibt, die kocht, tröstet, versteht, die immer dieselbe bleibt. Am Abend kommt Frau Herms zu jedem Kind und sagt ihm gute Nacht. Als sie bei Manuela sitzt, fragt sie: „Du, sag mal, wo ist denn deine neue Brille?"
„Ach, die rutscht immer, die habe ich dort auf den Schrank gelegt. Ich möchte lieber meine alte."

Manuela erzählt Tante Greti ganz aufgeregt von ihren Erlebnissen. Wirklichkeit und Fantasie vermischen sich.
„Komm, ich sag dir noch ein Geheimnis", flüstert Manuela und lacht. Sie zieht Tante Grete zu sich herunter, küßt und umarmt sie. Sie kann gar nicht mehr aufhören. So etwas hat sie noch nie getan.

In ein Heim kommen nicht nur kleine Kinder, sondern Kinder jeden Alters, deren Eltern sich nicht um sie kümmern können. Sie haben schon ein schweres Leben hinter sich oder müssen plötzlich ein behütetes Dasein verlassen. Diese Kinder sind oft schwierig, aggressiv, unglücklich oder abgestumpft. Sie brauchen Menschen, die sich mit Liebe und Wissen ihrer annehmen.

Wie schwierig ist es bei Manuela! Sie hängt an ihrer Mutter, bei der sie es als Baby gut hatte, bis sie durch ein anderes, neues Kind ersetzt wurde und abgeschoben wurde.

Sie liebt auch Frau Herms, die bisher am allerzuverlässigsten in ihrem Leben war. Manuela hat es nicht leicht, sich zu binden.

Schau dir die letzten Bilder an! Zwischen dem Kind und der Frau passiert etwas.

Wenn du nicht wüßtest, daß es sich um ein Heimkind handelt, wie würdest du diese Bilder deuten?

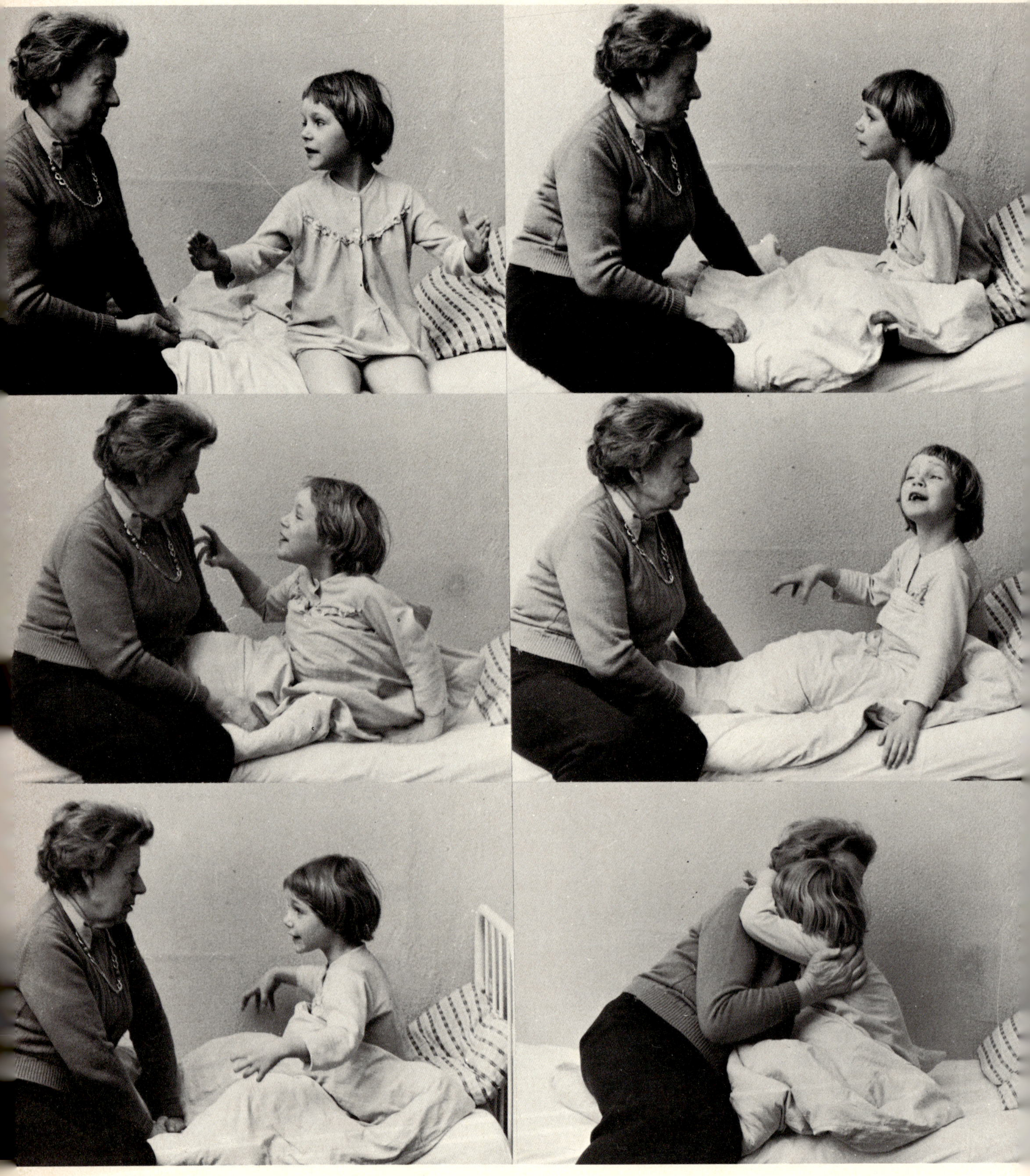

101

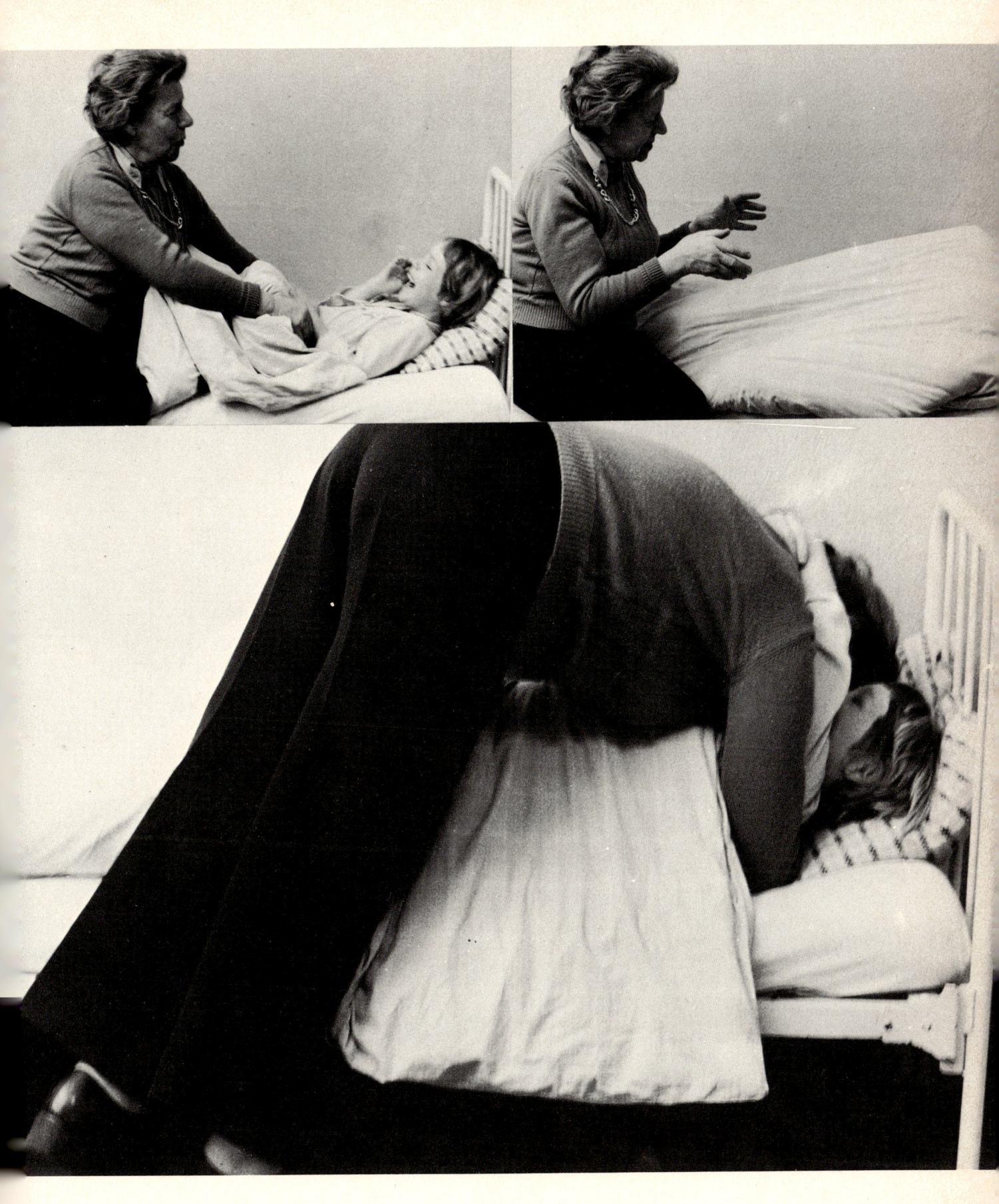

Wilingas und ihre Kinder

Mutter ist mit Ralfi, Andreas, Chris und Kai im Schuhladen. Andreas und Chris brauchen neue Pantoffeln. Zum Erben gibt es nichts in seiner Größe.
„Na, welche gefallen dir denn?"
„Nee, nich so was, lieber mit Blumen. Das Fräulein soll uns noch andere zeigen."
Das findet Mutter Lucie auch. „Dir müssen sie gefallen. Es muß aber was Gutes sein", sagt sie zu der Verkäuferin.
Mutter macht noch Einkäufe. Alle wollen etwas tragen.
„Wenn wir nach Hause kommen, spielen wir da noch?"
„Wir spielen noch." „Das Buchstabenspiel!"
„Also, das Buchstabenspiel."
Ralfi könnte Mutter fressen: „Ich bin aus Mutters Bauch gekommen. Du nicht", sagt er zu Andreas, „du bist ein Pflegekind."
Andreas schweigt. Er drückt sich an Chris.
„Ach was", sagt Mutter Wilinga und legt ihre Arme um die Kinder.
Andreas und Chris sind ohne Mutter. Der Vater ist Lastwagenfahrer; er ist tagsüber immer auf Fahrt und manchmal auch nachts. Andreas ist sechs und Chris ist dreieinhalb Jahre alt. Sie sind vor einem Jahr zu Herrn und Frau Wilinga in Pflege gekommen.
Die beiden Kleinen schauen beim Spielen zu. Bei Mutter Wilinga zu sitzen, ist gemütlich.
„Aber mit uns spielst du auch noch", sagt Andreas. Später sitzt die Mutter am Boden und baut mit. Chris kann sich manchmal gar nicht von der Mutter lösen. Er streichelt sie, wie wenn er sich überzeugen wollte, daß sie wirklich da ist. „Schau du nur", sagt Vater Wilinga, „ob noch alles da ist" und lacht.

Ralfi war sieben Monate alt, als er zu Wilingas in Pflege kam. Er sollte nur sechs Wochen bleiben. Aber alle liebten das neue Baby so sehr, daß Wilingas beantragten, es bei sich behalten zu dürfen. Ralfi ist jetzt neun.
„Erzähl, Mutter, wie es mit Vati angefangen hat."
„Also, wir haben alles im Osten gelassen, weil wir durch den Krieg vertrieben wurden. Dann hieß es wieder anfangen. Vati und ich kannten uns schon lange; später haben wir dann geheiratet. Wir haben leider keine eigenen Kinder. 1961 aber sah ich zufällig eine Mutter, die ihr Kind so vernachlässigte, daß ich es in Pflege genommen habe. Da fing es an.
Eines Tages kam eine Sozialpflegerin und fragte uns, ob ich mir vorstellen könnte, eine Großpflegestelle einzurichten. Das konnten wir uns beide sehr gut vorstellen.
Sechse haben wir immer gehabt. Eigentlich sieben mit Detlev. Aber das dürfen wir ja nicht. Deshalb wohnt Detlev nebenan. Ihr seid unsere Kinder geworden.
Wir müssen jetzt aufhören, Kinder."
„Darf der Turm stehen bleiben?"
„Ja, aber das Buchstabenspiel muß in die Schachtel."

Mutter geht jetzt in die Küche und richtet die zahlreichen „Stullen" für den nächsten Morgen, auch für Detlev. Detlev macht Mutter Sorgen, weil er unregelmäßig zur Arbeit geht.
„Seitdem Detlev nebenan wohnt", sagt Mutter. Detlev hat auch eine Freundin, die Wilingas nicht sehr schätzen.
„Ich geh jetzt", meint Detlev und küßt Mutter.

„Warum gehst du denn schon?"
„Ich muß", sagt Detlev, aber erklären will er nichts. „Hier ist deine Thermosflasche." Zu jeder Stulle legt Mutter noch Obst.
Die Küche ist aufgeräumt, der Frühstückstisch wird gedeckt, damit es morgens keine Panik gibt. „Es muß gemütlich gefrühstückt werden", sagt Frau Wilinga, „sonst ist der Tag nichts. Wir stehen rechtzeitig auf, damit keiner hetzen muß. Und wenn ich einmal verschlafe, dann schreibe ich einen Zettel für die Lehrerin, und die Kinder gehen eine Stunde später zur Schule. Hetze gibt es morgens nicht und Verschlafen fast nie."

Der große Bruder Peter kommt, um die Klappbetten herauszuziehen. Die Kinder räumen auf und lassen den hohen Turm stehen. Auch Angelika, die große Schwester, hilft beim Ausziehen. Sie ist flink und etwas derb. Sie bleibt keine Antwort schuldig. Die großen Brüder mögen ihre bissigen und witzigen Bemerkungen nicht. Sie ist jetzt fünfzehn. Mit elf Monaten wurde sie von Wilingas aufgenommen.

Die Kinder werden gewaschen, die Kleider für den nächsten Tag gerichtet, die Wäsche gewechselt. Dann warten die vier Kleinen in ihren Betten und wollen geküßt werden. Chris bohrt schnell ein bißchen in der Nase, weil alles so lange geht.
„Kommste jetzt, Mutti?" Und dann geht die große Küsserei los.
„Liest du noch was?" Und Mutter liest. Ralfi hört ganz versunken zu, Mutter liest so schön vor, er will unbedingt noch ihre Haare streicheln.

Manchmal gehen Mutter und Tochter aus. Dann werden die Kinder früher zu Bett gebracht. Heute gehen sie ins Theater. Angelika drängt, sie frisiert Mutti. Die langen Kleider liegen auf dem Bett, der Schmuck wird herausgeholt, noch etwas Spray, etwas Kölnisch Wasser . . .
„Du, das Kleid sitzt." Mutti hat Angelikas Kleid selbst genäht.
„Peter, paß auf die Kinder auf!"
„Na, klar."
So klar ist das nicht. Peter quält die Kleinen

manchmal, indem er sie bedroht oder ihnen Angst macht.

Mit elf Jahren hatte er einen furchtbaren Unfall. Er kam unter einen Lastwagen. Er zog sich schwere Gehirnverletzungen zu und schwebte lange Zeit zwischen Leben und Tod. Danach konnte er sich nicht mehr konzentrieren. Das Lernen, besonders aber das Behalten, fiel ihm schwer. Peter wurde der Mittelpunkt der Familie, denn er brauchte lange sehr viel Pflege und sehr viel Zuwendung. Als Wilingas neue Kinder in Pflege nahmen, versuchte er mit allen Mitteln, seine Sonderstellung zu behaupten. Die Kleinen durften nichts bei der Mutter gelten. Seither sind die Beziehungen unter den Geschwistern und Peter leicht gespannt.

„Du, wir müssen, Mutti! Draußen steht unser Taxi, heute machen wir's uns schön. Wir fahren in die Oper!"

Herr Wilinga, von Beruf Taxichauffeur, fährt seine Damen in die Oper. Zurück kommen sie mit der U-Bahn, dann ist Herr Wilinga wieder auf Nachtfahrt.

Am nächsten Morgen ist Mutter Lucie wie immer zur Stelle. Ralfi hat heute in der 0-Stunde Unterricht. Er hat spät Lesen gelernt und bekommt mit einigen Schülern Sonderunterricht.

Frau Wilinga schaut nach, wann die Kinder zurückkommen; an der Innenseite der Schranktüre hängt die Stundentafel für jedes Kind. Um elf Uhr kommt Chris. „Darf ich Vati wecken?" Vati schläft sich vom Nachtdienst aus.

Vati wachküssen ist das allerschönste. Chris

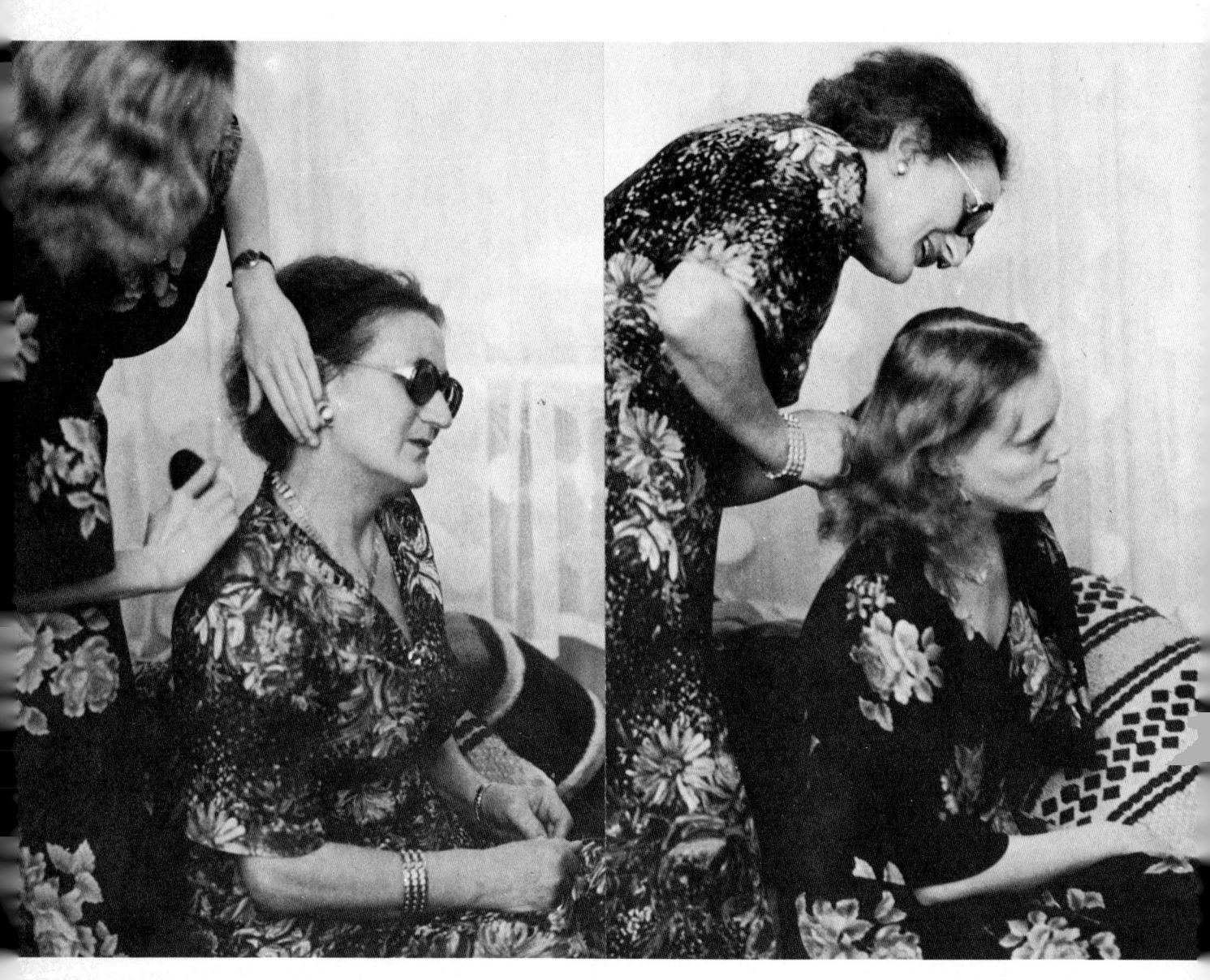

ist ganz innig. Vater wacht auf, lächelt, küßt wieder. Er zieht eine Hose über das Hemd, wäscht sich das Gesicht und geht leise in die Küche. Von hinten schleicht er sich an Mutter heran und zwickt sie in die Taille. Chris schaut entzückt zu. Dann holt Vater aus und gibt Mutti einen Klaps hintendrauf, nimmt sie in den Arm und küßt sie herzhaft.
Chris schaut immer noch entzückt zu.
„Ein bißchen Musik, Vati."
„Meine Mulle, die sorgt für uns", sagt Vater zufrieden, „ein schmales Kreuz hat se, aber

das hält was aus. – Nun, Mädchen, wie war die Nacht?"
„Gut", sagt Frau Wilinga ruhig, „110,– DM."
Wenn Herr Wilinga von seiner Nachtfahrt zurückkommt, rechnet er ab. Er zieht das Geld für das Benzin ab und legt den Rest seiner Frau auf den Nachttisch.

Mutter kocht, Vater wäscht sich. Danach trinkt er gemütlich seinen Kaffee. Die Klopse sind schon fertig, der Salat geputzt.
Detlev war heute wieder nicht bei der Arbeit.

Er schaut bei Mutti rein. Aber Mutti ist ärgerlich. Als er sie küssen will, wehrt sie ab. „Du wirst deine Lehrstelle verlieren, ich sag's dir." Detlev ist unglücklich. Er antwortet nicht und schleicht hinaus.
„Letztes Jahr war das alles noch in Ordnung", sagt Mutter Lucie. „Das wird sich geben", meint Vati, „ich werde mit Detlev sprechen."
„Na, Sohn, wie geht's", sagt er zu Andreas, der langsam hereinschlürft. Andreas kommt immer so erschöpft von der Schule, daß ihm geholfen werden muß, seine Hausschuhe

anzuziehen. Alle Kinder ziehen Hausschuhe an, um Mutter Lucie zu helfen, die Wohnung sauberzuhalten.
Ralfi muß zuerst noch seine Aufgaben zeigen. Mutti ist im Bilde. Sie stellt Fragen.
„Schau, das haben wir in Religion gemacht."
Dann waschen alle die Hände. Dem Kleinsten hilft Frau Wilinga.
Mutter und Vater sitzen mit fünf Kindern zu Tisch. Andreas und Chris stochern im Essen herum.
„Ihr seid noch keine guten Esser, das kommt schon", tröstet Mutti, „aber maulen solltet ihr nicht. Vati wird helfen" – und Vati füttert geduldig.
Die Kinder räumen ab.
„So, jetzt rauchen Vati und Mutti eine bis Angelika aus der Schule kommt." Sie geht in die Oberschule und hat es sehr weit.
Angelika bekommt ihr Essen im großen Eßzimmer, das während der Woche als Arbeitszimmer dient. Hier macht die Tochter Hausaufgaben. Hier stehen auch die Bücher, die sie zum Arbeiten braucht. Angelika hat

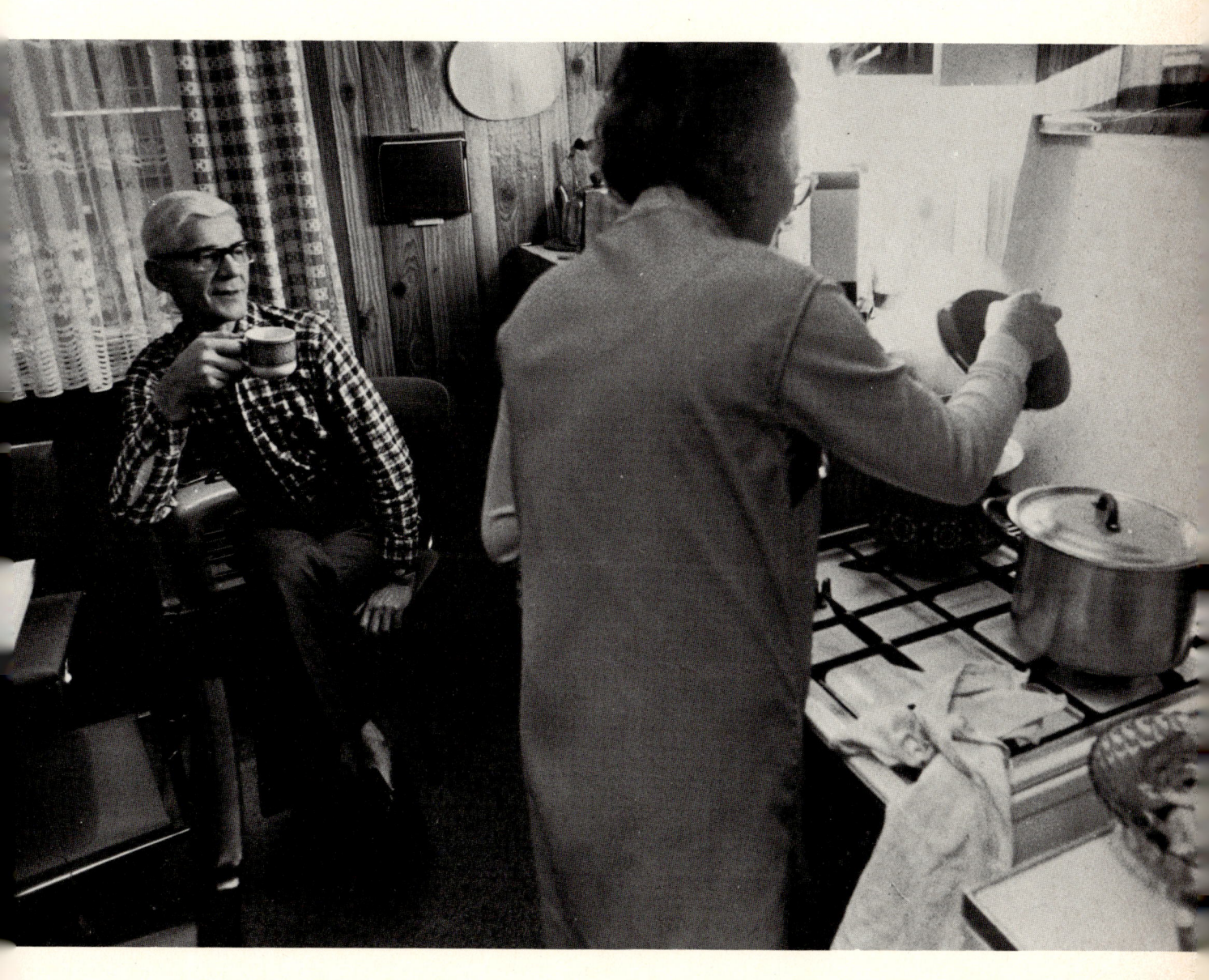

fast eine Sonderstellung. Letzten Sommer war sie mit einer Gruppe von Behinderten auf einer zweiwöchigen Amerikareise. Angelika hat eine leichte Rückgratverkrümmung, die behandelt wird.
Es klingelt.
„Ach, heute kommt ja die Sozialpflegerin."
Sie erscheint regelmäßig, um mit Wilingas die Entwicklung, die Fortschritte und die Sorgen um die Pflegekinder zu besprechen. Angelika liegt am Boden und spielt mit dem Hund. Es ist selbstverständlich, daß sie zuhört. Alle Probleme werden zur Sprache gebracht: das späte Lesen von Ralfi, die schwierige Entwicklung von Peter nach dem Autounfall. Die Sozialhelferin erkundigt sich nach dem Eingewöhnen von Chris und Andreas, nach Berufswünschen von Angelika.
„Ach", sagt sie zu der Sozialpflegerin, „ich hab Schwierigkeiten in der Schule. Nichts klappt. Vielleicht sollte ich die Klasse wiederholen. Was ich nachher machen will, weiß ich noch nicht genau."
„Peter ist so auf Mädchen aus", beklagt sich

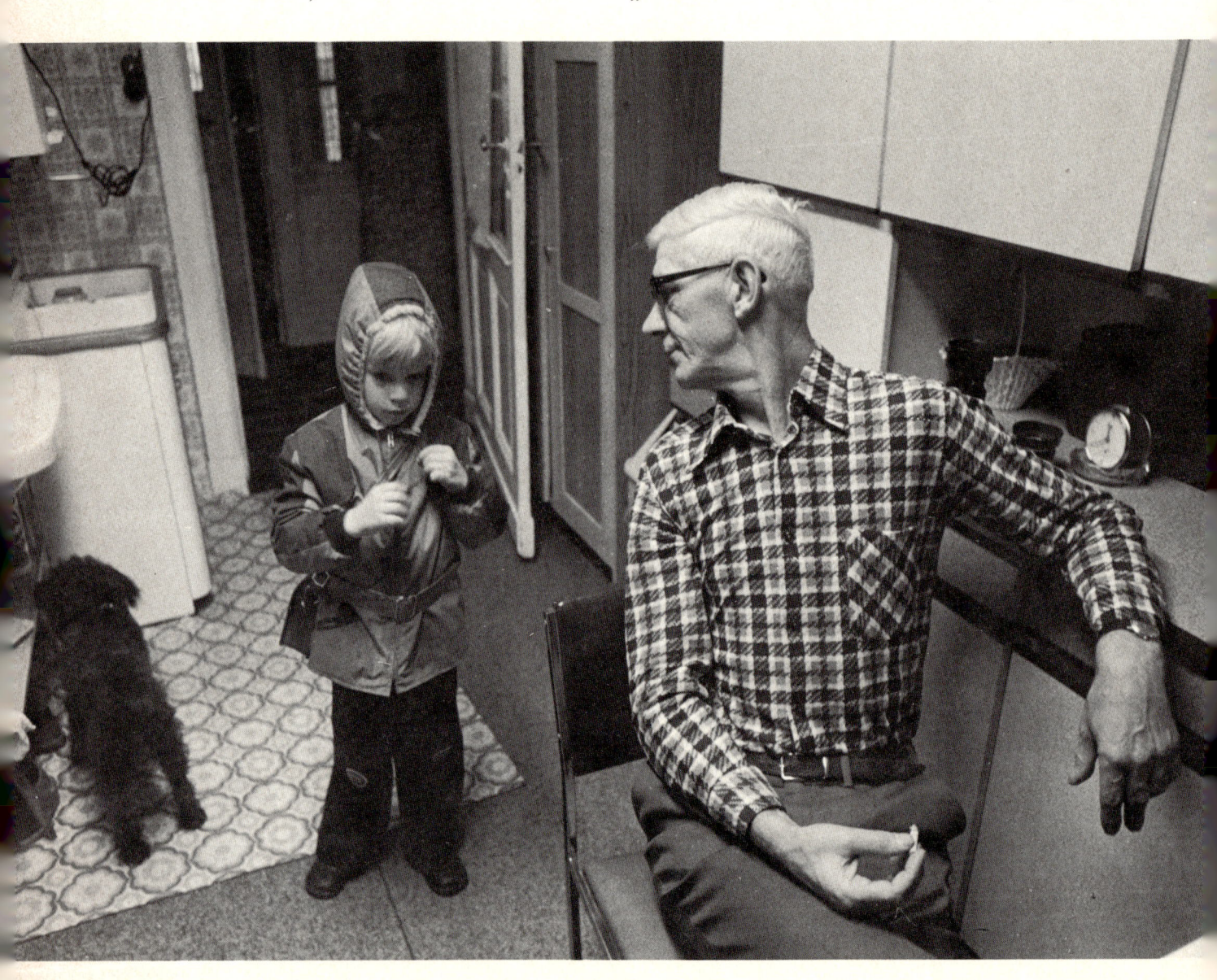

Mutter. „Das ist aber das Alter", meint die Sozialhelferin. „Wenn er so finster dreinschaut, bekomme ich Angst. Er spricht auch nicht. Aber mehr Taschengeld will er. Nein, das gefällt mir nicht!"
Es werden die Geldangelegenheiten und Arztkosten besprochen. Als sie gegangen ist, geht Frau Wilinga zu ihrer Nähmaschine.

Später, als Frau Wilinga ihre Blumen gießt, erscheint am Fenster einer Wohnung auf der anderen Straßenseite eine Frau.

Sie ruft: „Kann ich nachher mal kommen? Ich hab so zwee Pullover –".
„Kommense nur", ruft Mutti zurück.
Angelika fragt: „Willste ihr denn die Pullover auch noch waschen?"
„Na ja", sagt Frau Wilinga, „du weißt doch, sie ist so umständlich. Und ich wasch sowieso Wollsachen heute nachmittag."
„Wetten, Mutti, daß das fast wahr ist?" sagt Angelika.
Im Wohnzimmer ist es gemütlich, warm und still. Ralfi schleicht leise herein und legt seine

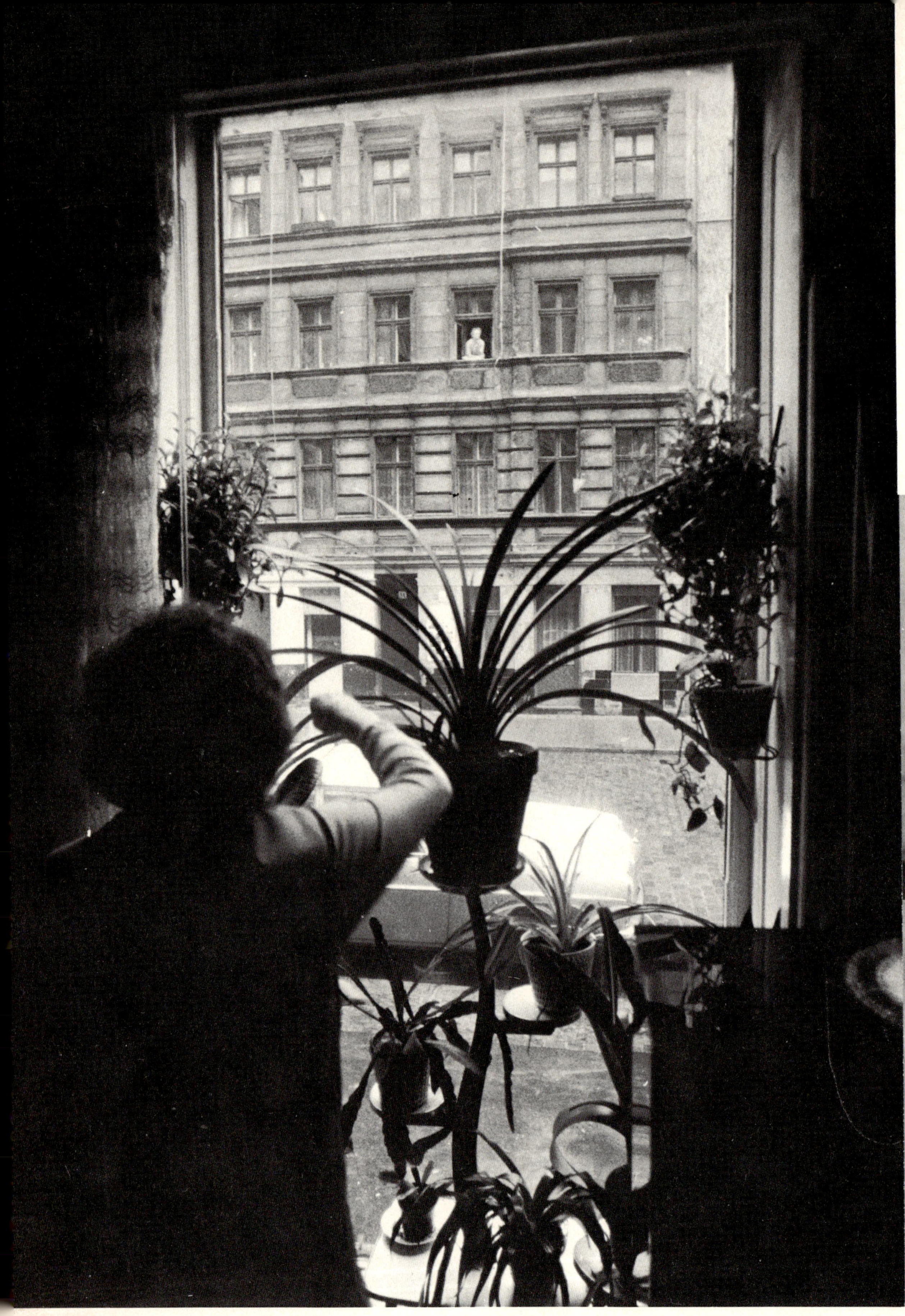
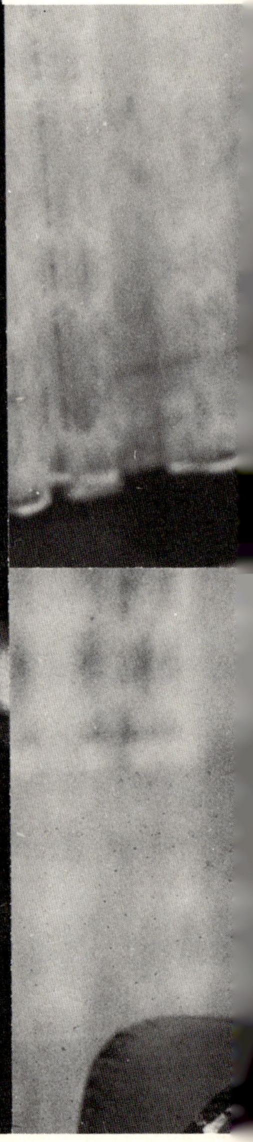

Arme von hinten um Vatis Hals. Vati liest weiter, antwortet aber auf Ralfis gelegentliche Fragen, Ralfi will auch eigentlich nicht reden, er will Vati spüren und ihn küssen. Papa erwidert die Zärtlichkeiten.

„Kommste nachher mal in die Küche? Hilfste mir, Vati? Ich soll was anmalen und rechnen. Bitte komm doch, ich hab alles auf dem Küchentisch gerichtet."

Vati steht auf und folgt Ralfi. „Erklär mir mal, was du sollst", und beide arbeiten zusammen. Andreas sitzt auch da. „Stimmt das, Vati?" Vati findet, es stimmt, und Andreas schneidet und klebt weiter.

„Du", flüstert Ralfi, „ich sag dir nicht, was du zum Geburtstag bekommst. Ich möchte schon, aber ich darf nicht. Der Detlev skalpiert mich, wenn ich's dir verrate."

Herr Wilinga wird nämlich sechzig.

„Da machen wir ein Fest am Freitagabend", sagt Mutter Wilinga. „Ich habe schon die ganze Woche vorgekocht und eingefroren."

Es gibt ein kaltes Büfett und Wilingas haben einige Freunde eingeladen.

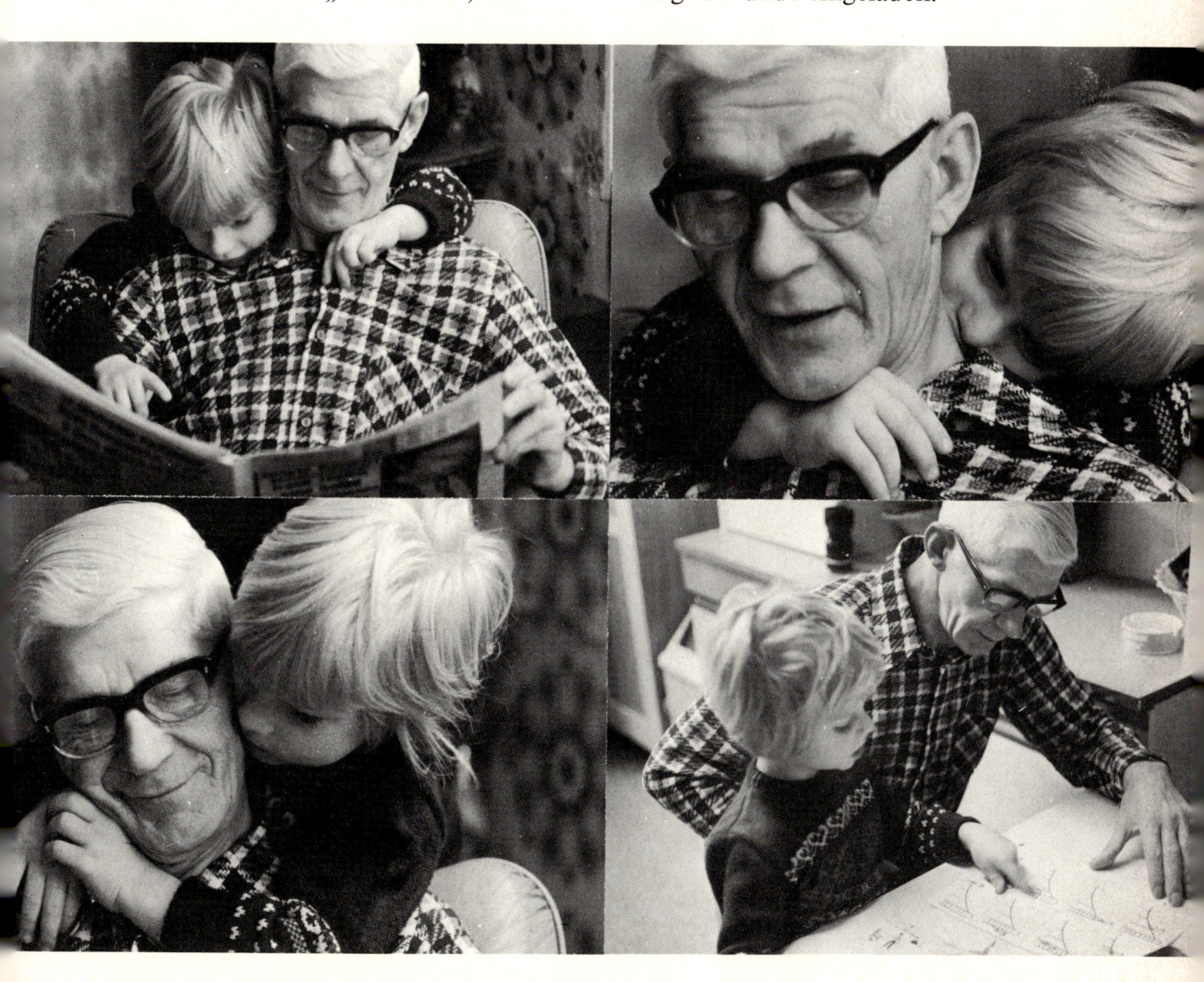

Am Freitag werfen sich die Kinder in Schale und sind schrecklich aufgeregt. Vati hat eine elektrische Uhr bekommen.
„Stell sie, Vati, stell sie doch. Zeig, ob du es kannst." Jedes Kind will ihn streicheln.
„Du, jetzt gibt's ein Familienfoto."
Clemens, ein Kollege, macht das Foto. „Noch näher zusammen, los, Silberpappel, lächle dein schönstes Lächeln. – Bitte, recht freundlich. Na, drauf seid ihr alle!"
Vati will allen danken. „Danke, Mädchen, danke, Ralfi. – Danke."

Mutti strahlt: Vati sieht gut aus – sechzig Jahre! Keiner glaubt es.
Der Vater von Chris und Andreas ist auch da. Die Kinder sitzen bei ihm auf dem Schoß.
„Das ist eine Familie", denkt er, „Donnerwetter, die Kleinen haben's gut."
Später steht er einsam an der Tür und denkt zum hundertsten Mal darüber nach: Warum ist alles so gekommen? Wenn er doch auch eine Familie hätte! Er meint eine Frau, denn Kinder, die hat er ja, die sind ja wirklich in Ordnung. Ja, Ordnung, das möchte er.

115

„Und jetzt geht's zum Büfett", ruft Vater Wilinga.
Es ist ein rauschendes Fest. „Das hat aber Mühe gemacht", sagt ein Gast. „Ach was, ich hab ja alles im Haus. Na, ich kauf einmal im Monat alles im Großeinkauf, dann frier ich ein und mache einen Essenplan."
„Meine Mulle, die hat's mit die Organisation!" Jetzt trinken wir mal auf unseren Opa. Wär das schön, wenn er noch da wär", ruft Vater Wilinga. „Was wir wollen, ist Harmonie", sagt er. „Natürlich streiten sich die Kinder – aber ich schlichte. Und wir streiten nie. Das heißt, die Kinder haben uns noch nie streiten gehört. Außerdem, Mutter siegt immer", sagt er lachend. „Einen Kopp hat die! Die weiß alles ganz genau." „Nun gib nicht so an, Silberpappel", sagt einer der Kollegen.
Die Gäste sind um elf gegangen, alle räumen auf. „Schau, ob deine neue Uhr stimmt, Vati." „Die stimmt", antwortet Frau Wilinga für ihren Mann.
Heute abend stimmte es überhaupt. Aber irgendwie ist doch alles schwieriger geworden.

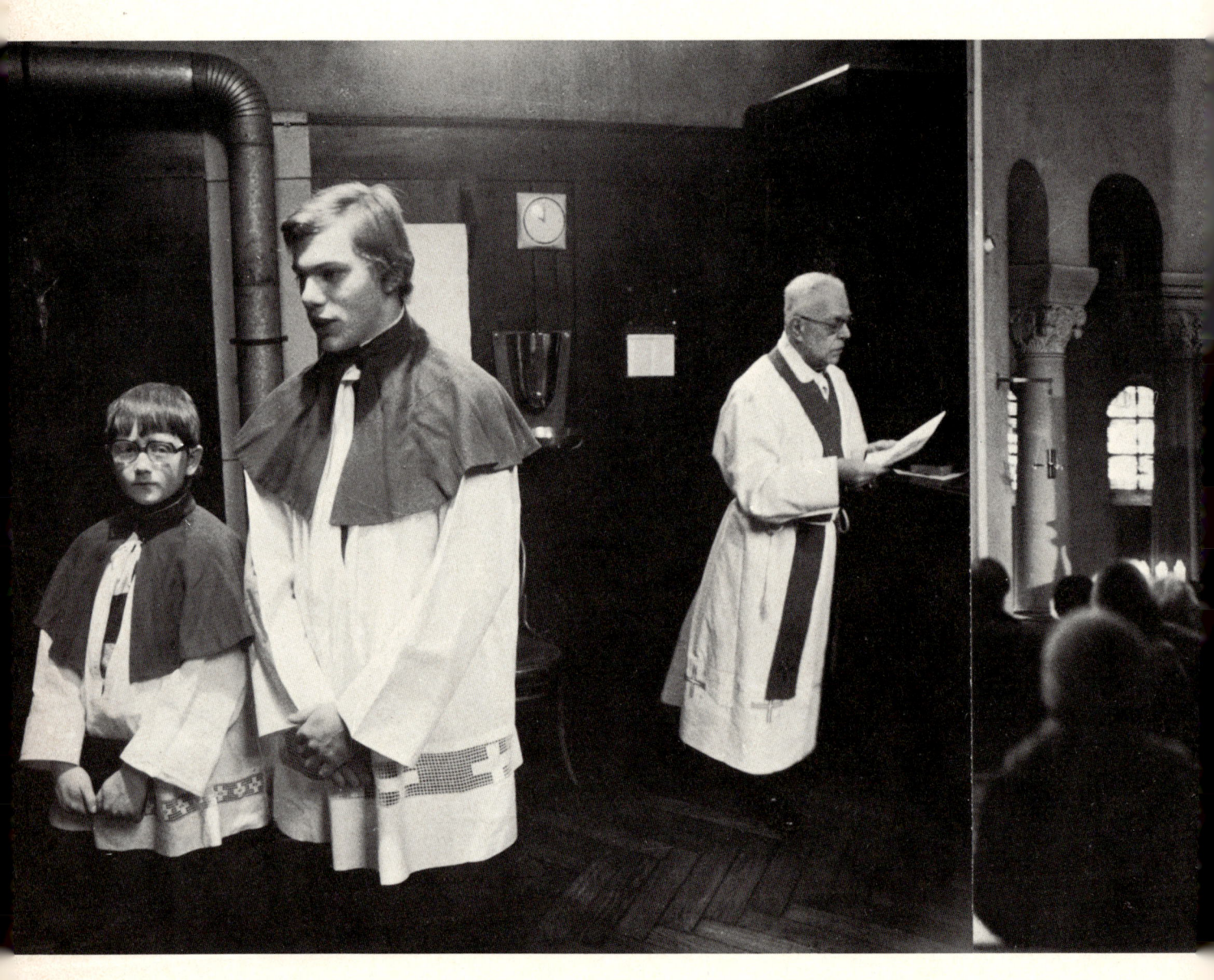

„Dann muß man eben durchgreifen", sagt der Vater.
„Was heißt hier durchgreifen?"
„Na, wenn die Jungens, die älteren meine ich, nicht parieren..."
„Da hättest du früher drandenken sollen", sagt Angelika etwas spitz.
„Schür nur das Feuer, du Ziege", murmelt Detlev.
„Ich will dich mal in zwei Jahren sehen. Immer rummeckern."
„Na, ihr werdet doch nicht an Vatis Geburtstag... Übrigens, morgen ist Sonntag", sagt Mutter Wilinga. Wir gehen um zehn Uhr in die Messe. Du ministrierst, Detlev."
„Weiß ich doch, steht auf dem Zettel."

Du siehst, daß es auch Kinder gibt, deren Eltern nicht bei ihnen sind, die nicht ins Heim kommen. Das Jugendamt versucht Ersatzfamilien zu finden, die Kinder aufnehmen. Sie sollen versuchen, diese Kinder zu entschädigen für die Liebe und die Fürsorge, die sie entbehren mußten und ihnen weiterhelfen. Es ist in Ordnung, daß diese Familien Geld für jedes Kind bekommen, das sie aufnehmen. Falsch wird es, wenn sie ein Kind nur um des Geldes willen aufnehmen und daraus einen „Beruf" machen.

Diese Familien bekommen Vergünstigungen verschiedener Art. Das Jugendamt hilft ihnen z. B. Haushaltsgeräte anzuschaffen, die die Arbeit erleichtern: Waschmaschine, Spülmaschine, Wäschetrockner usw. Maschinelle Hilfe kann bedeuten, daß die Eltern mehr Zeit für die Kinder haben.

Findest du es natürlich, daß Wilingas wie eine gewachsene, natürliche Familie wirken? Oder findest du dieses Familienleben „zu schön"?

Verstehst du, daß die Zärtlichkeit eine große Rolle in der Beziehung Eltern – Kinder spielt, oder erscheint sie dir übertrieben?

Eine Familie in guten Verhältnissen

„Also, deine Frühgymnastik in Ehren, aber putz dir lieber jetzt die Zähne und komm zum Frühstück!"
„Ich mag den Geschmack von Zahnpasta nicht", antwortet Roland. Der zehnjährige Junge geht auf die einzige Lateinschule der Stadt.
„Weil ich Forscher werden will", sagt er. Einstweilen ist er eine Sportskanone und ein guter Schüler. Ihn interessiert die Meeresforschung und die Archäologie. „Ich will nicht Kaufmann werden, da weiß man immer gleich, wie's ausgeht."
Sein Vater ist Kaufmann. Vater, Mutter, Schwestern und Roland wohnen in Bochum-Linden, dreizehn Kilometer vom Zentrum entfernt, in einem Bungalow, der zu einer Siedlung gehört. Es sind Doppelhäuser mit reichlich Platz. Neben Rolands Familie wohnt ein Optiker, hinter ihnen Angestellte und Kaufleute.

Um zwanzig vor sieben muß Roland an der Straßenbahnhaltestelle sein. Vater fährt ihn hin. Mutter sitzt am großen runden Tisch und schmiert Brote für alle. Petra hat eine halbe Stunde Weg bis zur Schule. Sie ist dreizehn Jahre alt. Ihre zwei Jahre ältere Schwester Claudia braucht nur fünf Minuten bis zu ihrer Schule.
„Nimmst du mich nachher mit, Papi?", fragt die neunjährige Jessica. Sie wird immer mitgenommen, „weil sie so dünn ist", spotten die Geschwister. Um sieben Uhr vierzig ist der ganze Zauber vorbei. Das Haus ist leer, und Mutter genießt noch eine Viertelstunde im Bett mit einer Tasse Kaffee und der Morgenzeitung. Das tut sie jeden Tag, wenn sie nicht in die Sauna geht, zum Tennisspielen oder zum Großmarkt. Mutter nennt sich eine „Nur-Hausfrau". In der Woche hat sie zweimal eine Hilfe im Haus, sonst „schmeiße ich den Laden alleine", sagt sie.

Zum Mittagessen kommen alle nach Hause. Es gibt gesundes Essen: Viel Rohkost, Quark, *Pell*kartoffeln, mageres Fleisch, um in guter Kondition zu bleiben. Die ganze Familie betreibt ernsthaft Sport.
Nach dem Mittagessen machen Claudia und Petra Küchendienst. Sie wechseln sich heute bei den verschiedenen Arbeiten schlechtgelaunt ab. Mutter und Vater ziehen sich eine Viertelstunde zurück, trinken Tee und besprechen das Laufende.
„Wer bewegt das Pferd heute?" ruft Vater.
„Ich", anwortet Claudia, „ich fahre mit der Straßenbahn, du brauchst mich nicht hinzufahren."
Petra geht zur Flötenstunde und zum Turnen.
„Ich hab Pfadfinder", schreit Roland.
„Und wir gehen eine Stunde Tennisspielen", sagt Vater zu Mutter.
Vater hat ein anstrengendes Leben. Er arbeitet viel. Seine Freizeit ist so gut organisiert wie seine Arbeit.
„Ich brauche den Ausgleich", meint er.
„Vergeßt nicht", ruft er den Kindern noch zu,

„daß wir Samstag und Sonntag nachmittag Waffeln backen. Nächste Woche nochmal am Mittwoch."

Vater und Mutter gehören zu einem Club, der Round-Table heißt, also „Runder Tisch." Dort treffen sie sich alle zwei Wochen mit fünfzehn Leuten im Alter zwischen fünfundzwanzig und vierzig Jahren. Es gibt etwa hundert solcher „Tische" in Deutschland und viele in anderen Ländern. Die Organisation hat auch einen Community-Service, das heißt einen Hilfsdienst für die Gemeinschaft. Die Round-Table-Leute organisieren Geld, z. B. für Waisenhäuser, Behindertenwerkstätten, Altenheime.

Seit fünf Jahren geht die ganze Familie auf den Weihnachtsmarkt, backt dort Waffeln und schenkt Tee, Punch und Orangensaft aus. Alle machen mit, sie lösen sich ab, verkaufen, packen ein und nehmen Geld ein, das danach verschenkt wird.

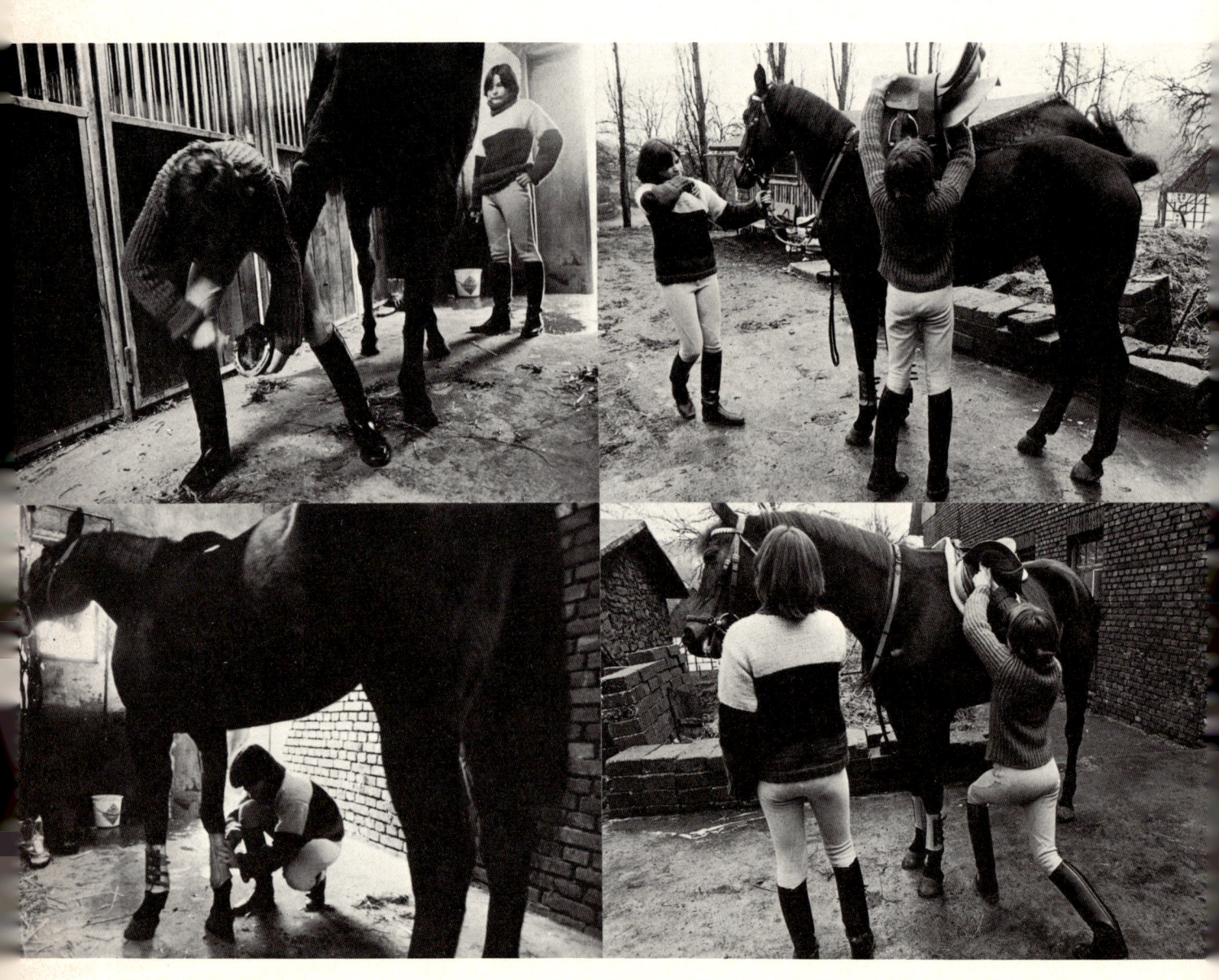

„Am Anfang ist es immer ganz lustig", meint Claudia, „aber wenn man stundenlang in der Kälte steht, dann ist das schon ganz anders..." Die Mitglieder von Round-Table betreuen auch Menschen in den Heimen. „Das ist mit einem großen Zeitaufwand verbunden", sagt Vater. Vater und Mutter gehen regelmäßig Kartenspielen ins Altenheim, organisieren Tanzabende oder begleiten alte Leute, die in der Stadt einkaufen möchten und es sich nicht mehr alleine zutrauen. Vater hat letzthin von einer taubstummen, gelähmten Frau berichtet, die nochmals das Grab ihres Vaters besuchen wollte. „Ich bin mit ihr durch die ganze Stadt gefahren mit ihrem Rollstuhl. Sie wußte aber nicht, wo das Grab war. Wir haben endlos gesucht. Aber als sie es gefunden hat! War das eine Aufregung. Sie hat gezittert, gestöhnt und war sicher glücklich."

Soziales Tun ist ein Anliegen von Vater. Er ist bei den Jesuiten erzogen worden und hat den Gedanken der Sorge für den Nächsten in sein heutiges Leben mit herübergenommen. Er fühlt sich für seine Familie, seine Umwelt und für sein Land verantwortlich. Seine Kinder sollen in diesem Geist erzogen werden.

Der Sport hilft ihnen nach seiner Ansicht, gesund zu bleiben an Geist und Seele. „Sport ist die beste Freizeitnutzung."

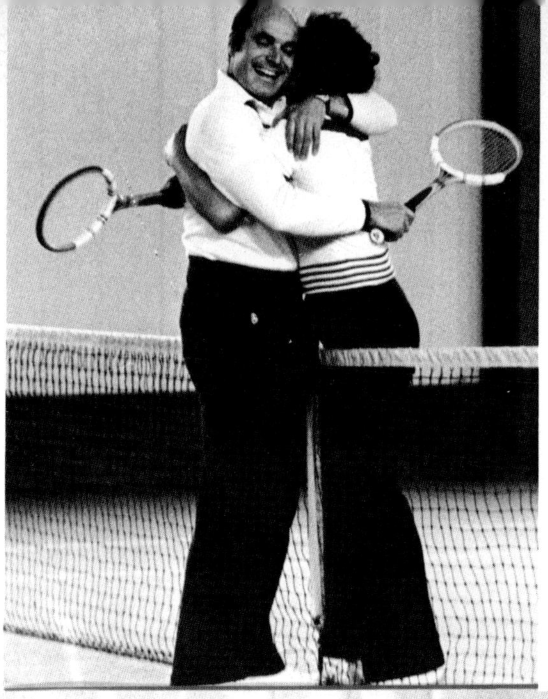

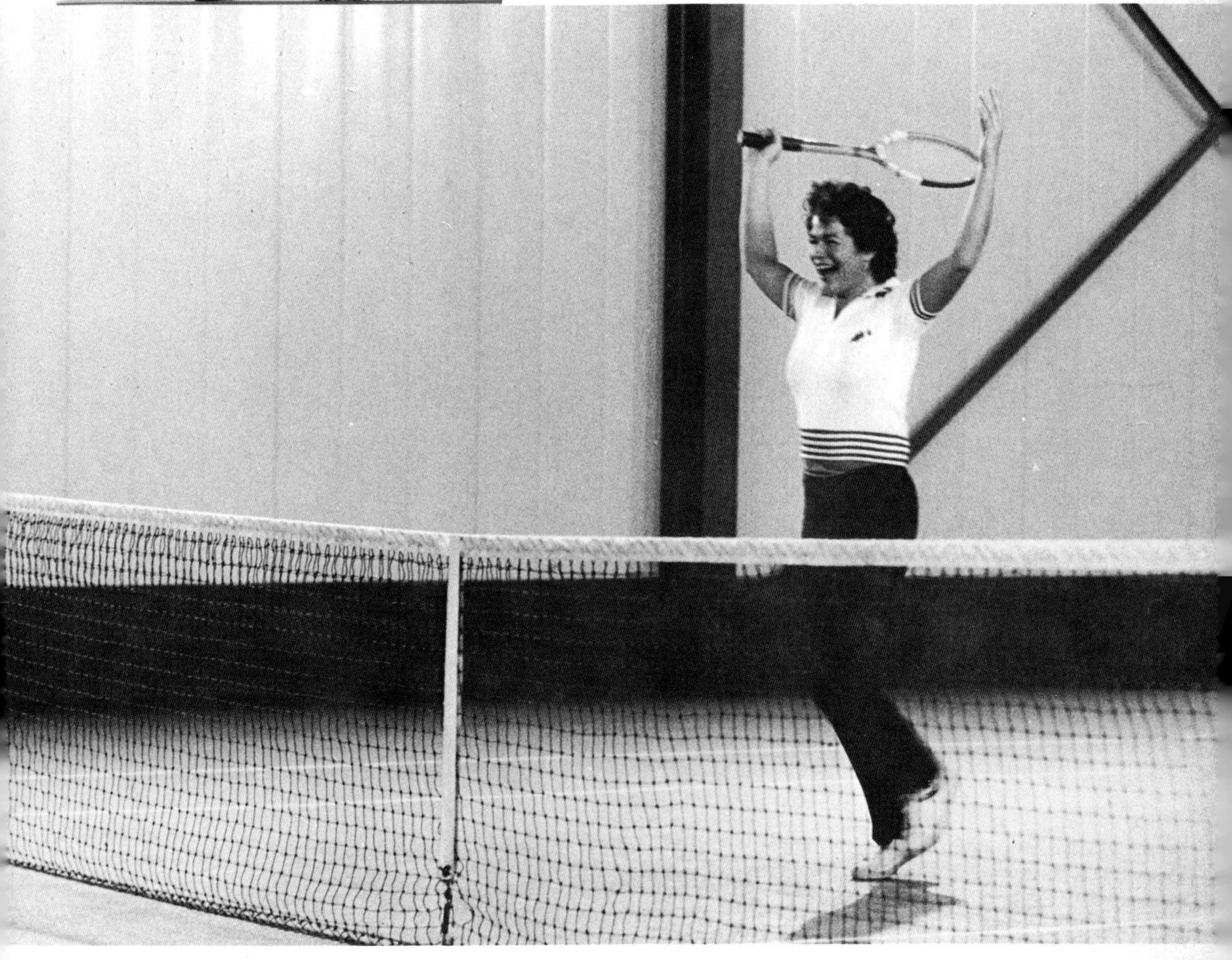

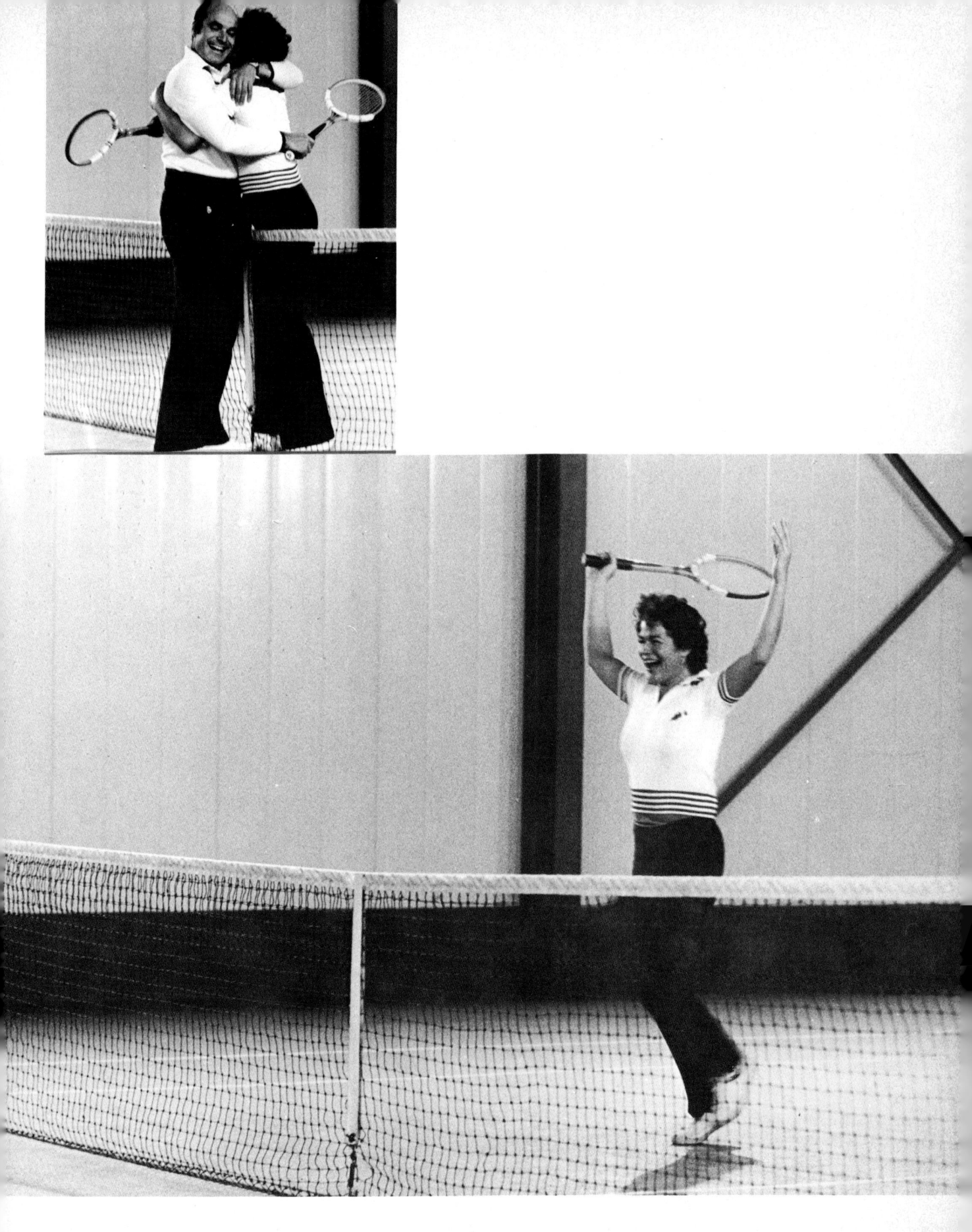

Am Abend sitzt die Familie wieder um den runden Tisch und erzählt.

„Mami, ich möchte zu Tante Elisabeth nach Berlin", sagt Petra.

„Und wer bewegt das Pferd in dieser Zeit?", fragt Papi.

„Ich geh zum Skilaufen", ruft Claudia.

„Ich auch", sagt Roland.

„Ach, ihr seid gemein, man kann doch nicht immer alles machen."

„Na, du bestimmst ja immer über mich und meinst, es sei dein Pferd. Denkst du an meinen Nachhilfeunterricht? Und mein Turnen ist dir auch schnuppe –."

„Deine Fêten sind doch das allerwichtigste", sagt Petra spitz.

„Das geht dich einen feuchten Schmutz an."

Jessica versucht etwas zu sagen, wird aber übertönt. Mami hilft.

„Roland und ich wollen ins Kino morgen."

„Ihr müßt aber das Geld selbst aufbringen", faucht sie Petra an.

„Hast du immer dein Geld genommen, wenn du zum Reiten gehst?", entrüstet sich Claudia.

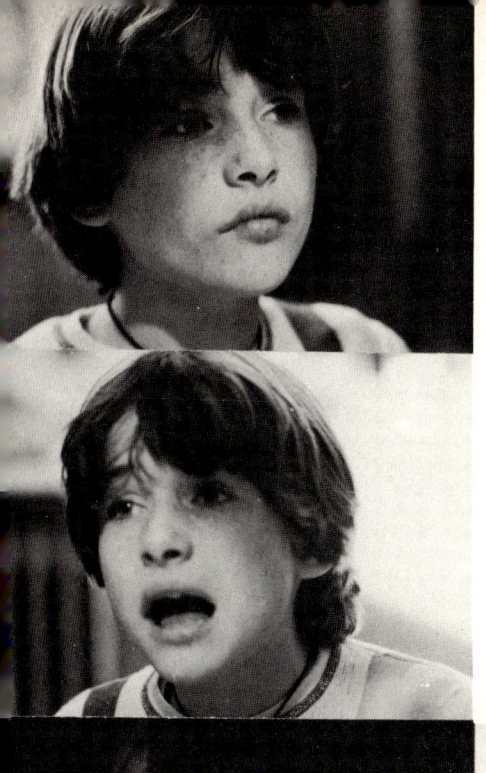

„Wieviel Geld hast du eigentlich von mir bekommen, Claudia?" fragt Mutter.
Alle schweigen. „Zankt euch nicht. Petra wird nach Berlin gehen. Wir finden schon einen Weg für Mirabelle. Und Jessica geht nach Malmö zu unseren Schweden-Freunden", schlichtet Mutter.
„Ach, die von neulich, die hier gewohnt haben?"
Zwanzig Schweden kamen durch Round-Table zu Besuch und waren freundschaftlich in die Familien aufgenommen worden.

Dadurch ergab sich der Kinderaustausch.

„Ich zeig euch jetzt noch die Fotos von den Sommerferien. Ich hab sie eingeklebt", sagt Mutter.
Die Familie geht immer nach Morsum an der Nordsee während der Sommerferien. Sie mieteten sich immer bei demselben Bauern ein. Das wurde von Jahr zu Jahr teurer, so daß Vater ein halbes Bauernhaus gekauft hat. Die Kinder träumen das ganze Jahr von diesem Aufenthalt. „Mami, schau die Gänse an, und mein Pferd, nein, das Schwein, ach, und das Meer!"
„Jetzt kommt der Clou", sagt Mami, „schaut euch mal diesen Heuhaufen an! Gibt's so was?"
„Den hast du so geklebt. Großartig, Mutti! Das ist das wirkliche Leben", sagt Claudia.
„Wir machen doch sehr viel", sagt Petra. „Wir leben richtig im Streß mit unseren Hobbys: also Tennis, Reiten, Pfadfinder, Gymnastik, Schwimmen, Skifahren, Kochen, Spielen, Flöte, Band, Feste, Schule, Nachhilfe..."

„Na, Schule und Nachhilfe sind keine Hobbys."
„Ich weiß noch was", sagt Roland, „Judo und Tanzen. Papi und Mami gehen tanzen, wenn sie verliebt sind. – Nach Düsseldorf geht ihr!" Alle lachen.
„Ich möchte in den Kirchenchor", sagt plötzlich Jessica.
„In den Kirchenchor?"
„Ja, das macht doch keiner von euch, mir aber macht es Spaß."

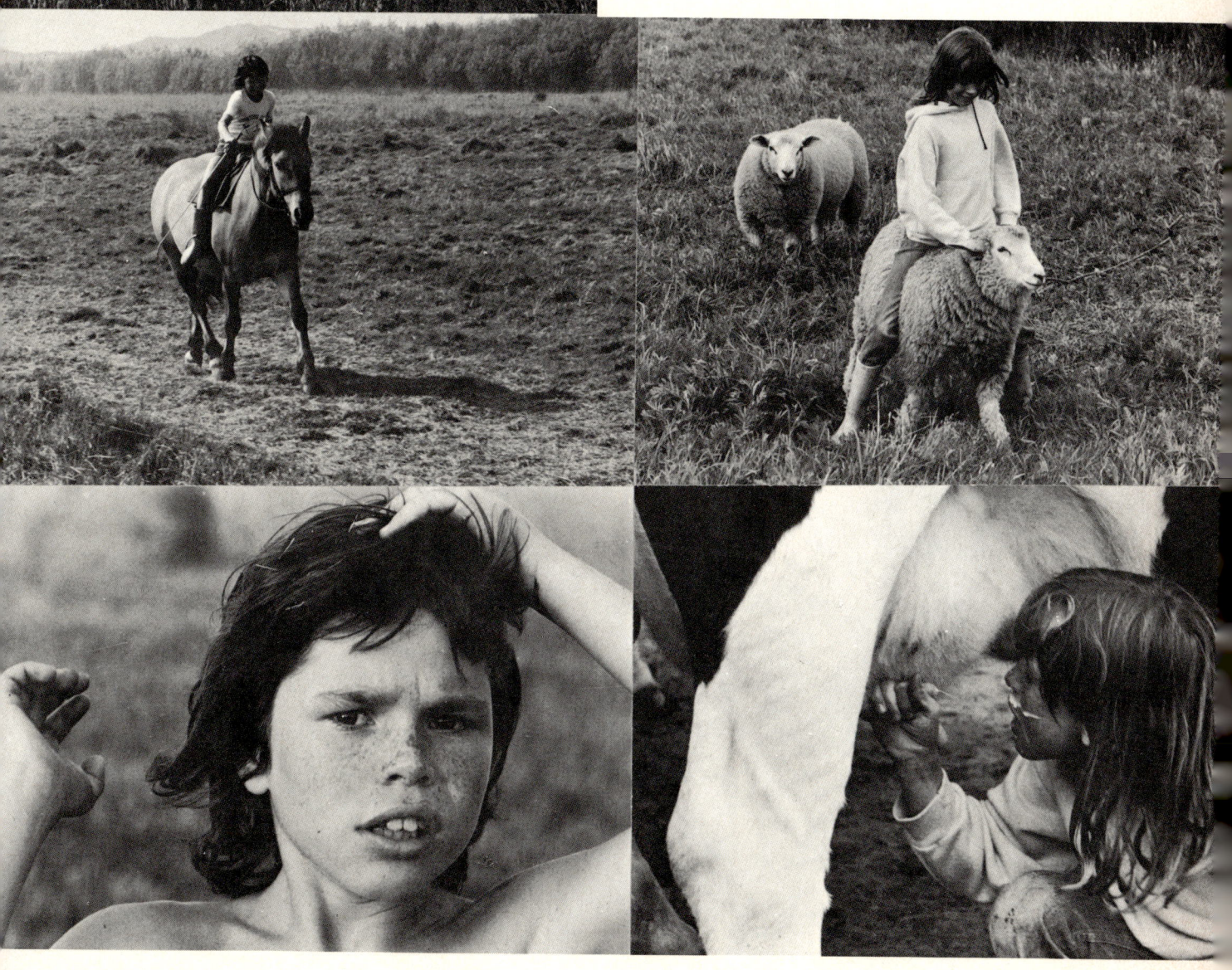

„Schaut euch mal diesen Heuhaufen an! Gibt's so was?"

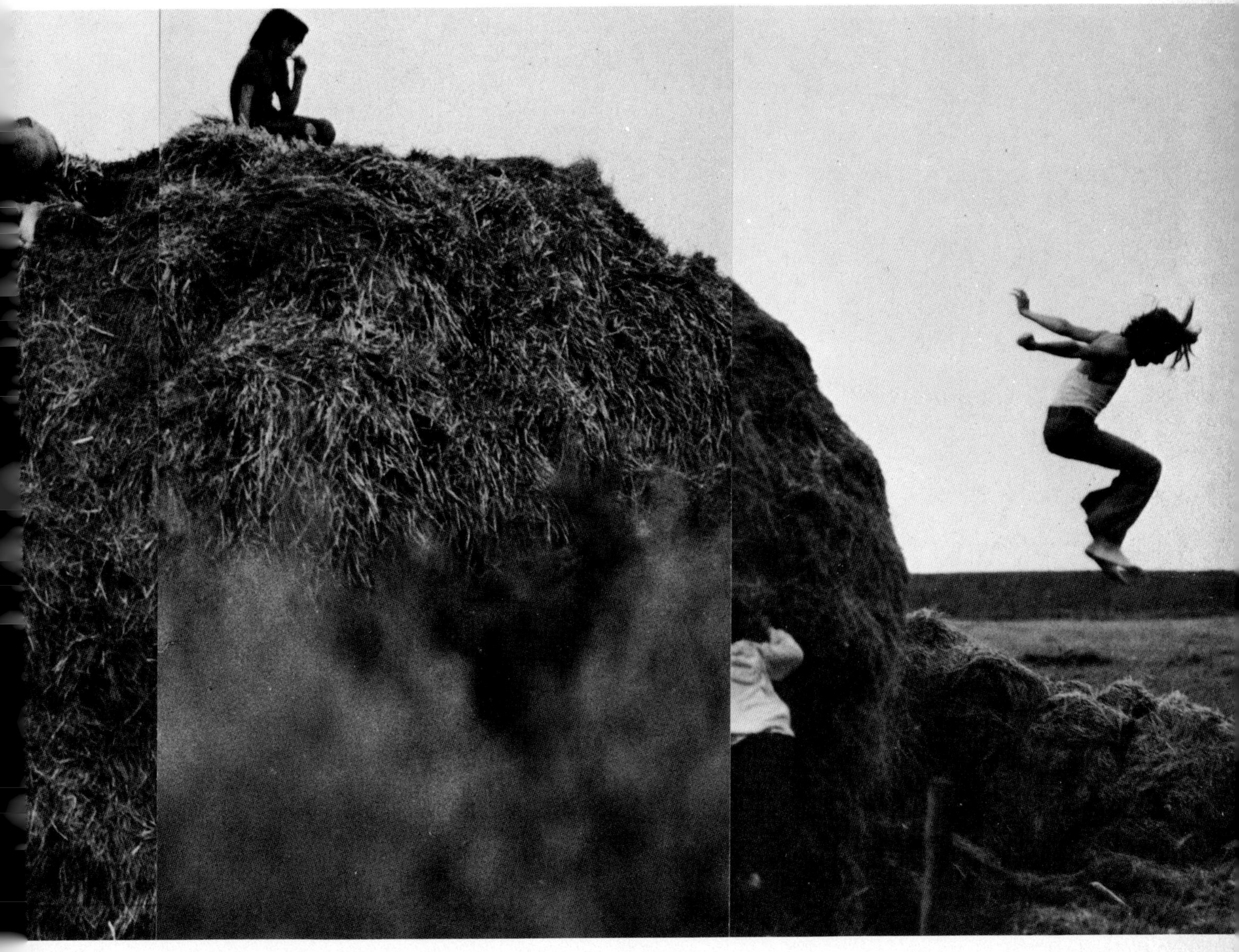

Das ist das wirkliche Leben . . .

131

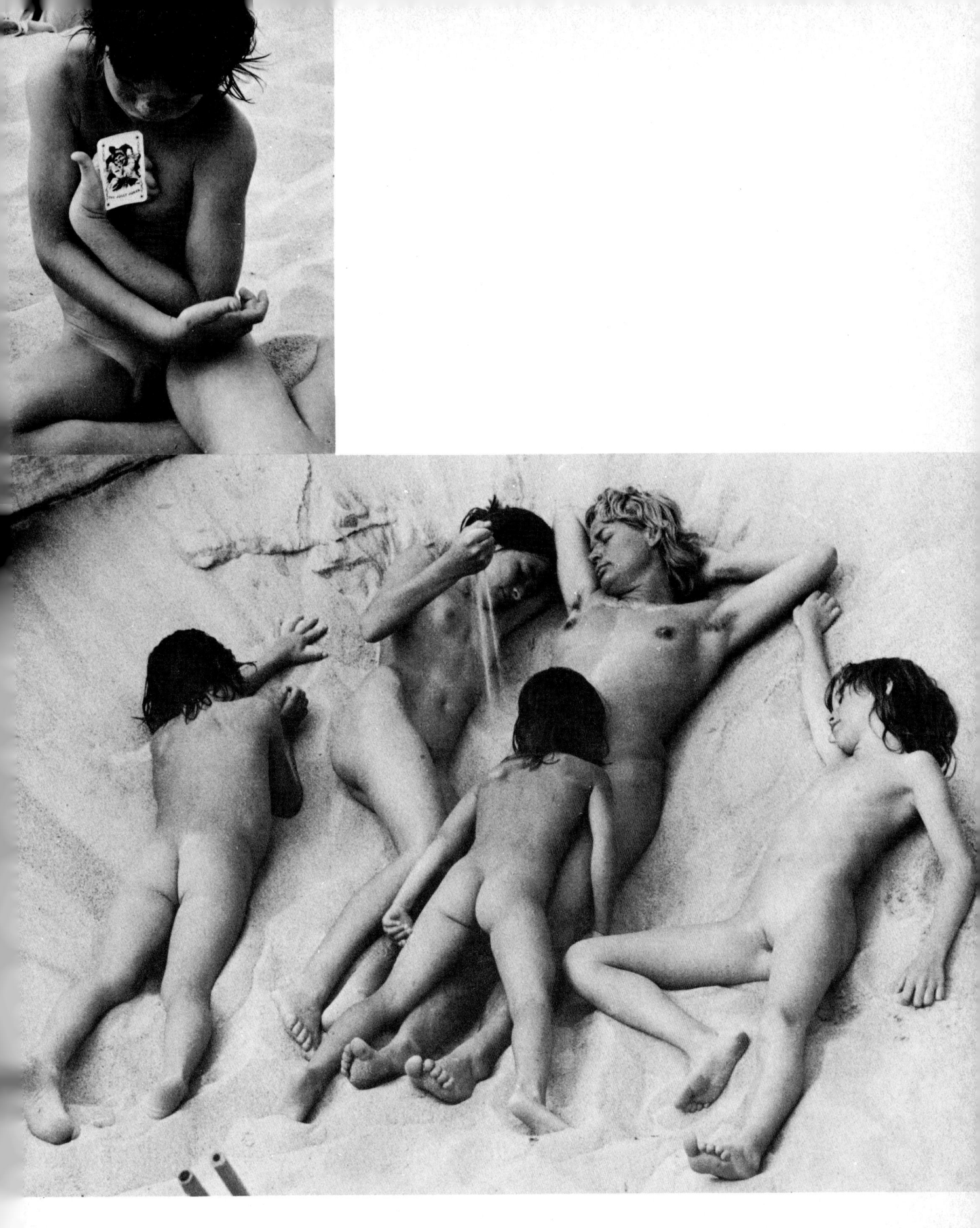

Gefällt dir diese Familie?

Ist das eine Lebensform, die du allen Menschen wünschen würdest?

Findest du, daß diese Kinder wirklich in einem Streß leben?

Würdest du in deiner Freizeit auch so viel Sport treiben wollen?
Fehlt dir etwas in diesem Tageslauf?

Findest du, daß es Zeiten geben muß, in denen man nichts tut?

Ist Nachdenken, Träumen, Langeweile haben, Spielen etwas Unnötiges?

133

Mutter und Tochter

„Cordula, bitte nicht meine Stöckelschuhe zum Einkaufen!"
„Alle ziehen Stöckelschuhe an!" sagt Cordula gekränkt.
„Ich weiß, trotzdem möchte ich, daß du deine Schuhe anziehst. Du hast sie ja ausgesucht."
Cordula zieht eine Schnute und geht in ihr Zimmer. Sie nimmt ihre Lieblingspuppe und streichelt sie etwas. Sie legt sie wieder hin und denkt nach. Heute könnte sie doch Post bekommen. Um zehn Uhr saust Cordula die Treppe hinunter, dem Briefträger in die Arme.
„Am besten du holst 'nen Korb."
„Einen Korb?" –
„Alles für dich". Er zeigt ihr eine Handvoll Briefe.
Cordula ist fassungslos. Langsam geht sie die Treppe hinauf. Cordula hat in einer Popzeitung annonciert, das heißt, sie hat geschrieben: Junges Mädchen, vierzehn Jahre alt (stimmt fast) sucht Brieffreundschaft mit nettem Jungen.
„Mutti, schau mal", sagt Cordula ganz betreten, „schau mal, so viel Post."
„Na, freu dich doch, das ist doch schön. Komm, wir lesen mal zusammen."
Zum Teil sind es ganz merkwürdige Briefe.
„Du, Mutti, die haben gar nicht verstanden, was ich will. Da ist sogar einer, der ist vierzig Jahre, der könnte ja mein Vater sein. Ich hab ja sowieso keinen, aber den brauche ich wirklich nicht!"
„Aber du hast doch Papi, den hast du doch so gerne!"
„Der ist schon mein Papi, aber den seh ich ja nie, der ist nie da, so am Abend, oder zum Ausgehen, zum Spielen..."

Cordula lebt mit der Mutter alleine. Als Mutti jung war, hatte sie sich in einen viel älteren Mann verliebt. Mutti war streng erzogen worden, sie wußte, daß aus dieser Beziehung nichts werden konnte und zog deshalb in eine andere Stadt. Aber der Mann behauptete, er liebe Mutti. Doch Mutti wußte, daß es keine

Liebe war. Sie war damals sehr allein. Als der Mann sie besuchte, verliebte sie sich ganz irrsinnig in ihn. Er kam oft und Mutti konnte nicht mehr ohne ihn leben. Nach ein paar Monaten erwartete sie ein Kind. Sie war sehr erschrocken. Sie hatte Angst vor ihren Eltern, besonders vor ihrem Vater, der Hauptpostschaffner in einem kleinen Ort war.
Wie würden die Leute reden und sich lustig machen! Mutti war so verzweifelt, daß sie keine Lust mehr hatte, zu leben. Sie saß oft auf ihrem Bett und überlegte zum hundertsten Mal, was sie tun solle. Sie ging weiter zur Arbeit und eines Tages spürte sie, daß das Baby sich bewegte. Da fing sie an, sich zu freuen. Das war einfach stärker als die Trauer, hat sie einmal Cordula erzählt.
Der Mann kam immer nur auf Besuch, war lieb zu ihr, freute sich auf das Baby und Mutti verstand, daß er sie das ganze Leben lang nur ein bißchen besuchen würde, um dann wieder auf Wochen und Monate zu verschwinden. Mutti nahm sich eine Wohnung und wurde Schwesternhelferin in einem Krankenhaus.

Cordula kam zu ihren Großeltern, die sie vergötterten, und Mutti sah ihr Kind kaum mehr. Cordula wurde das Kind der Großeltern.

Eines Tages beschloß Mutti, mit Cordula nach Berlin zu gehen. Sie wollte ihr Kind selbst erziehen. Sie zog zu einer Familie mit vielen Kindern, um dort zu arbeiten. Aber Mutti fand, daß die Kinder dort zu frei erzogen wurden. Mutti wollte „etwas Zucht", wie sie sagte und ging deshalb nach zwei Jahren in ein Altenheim. Sie war selbständig, verdiente aber sehr wenig und bekam keine eigene Wohnung. Sie lebten im Heim. Die alten Menschen waren sehr lieb.

Doch es gab auch soziale Fälle, d. h. Menschen, die tranken oder alles kaputtschlugen. Mittendrin stand die kleine Cordula und erschrak oft zu Tode, wenn die Polizei kam. Mutti machte ihr Examen in Altenpflege und wurde Altenpflegerin in einem Heim mit fünfzig alten Menschen.

„Die alten Leute nennen Mutti einen Engel", kichert Cordula. „Die Frau Brückmann hat

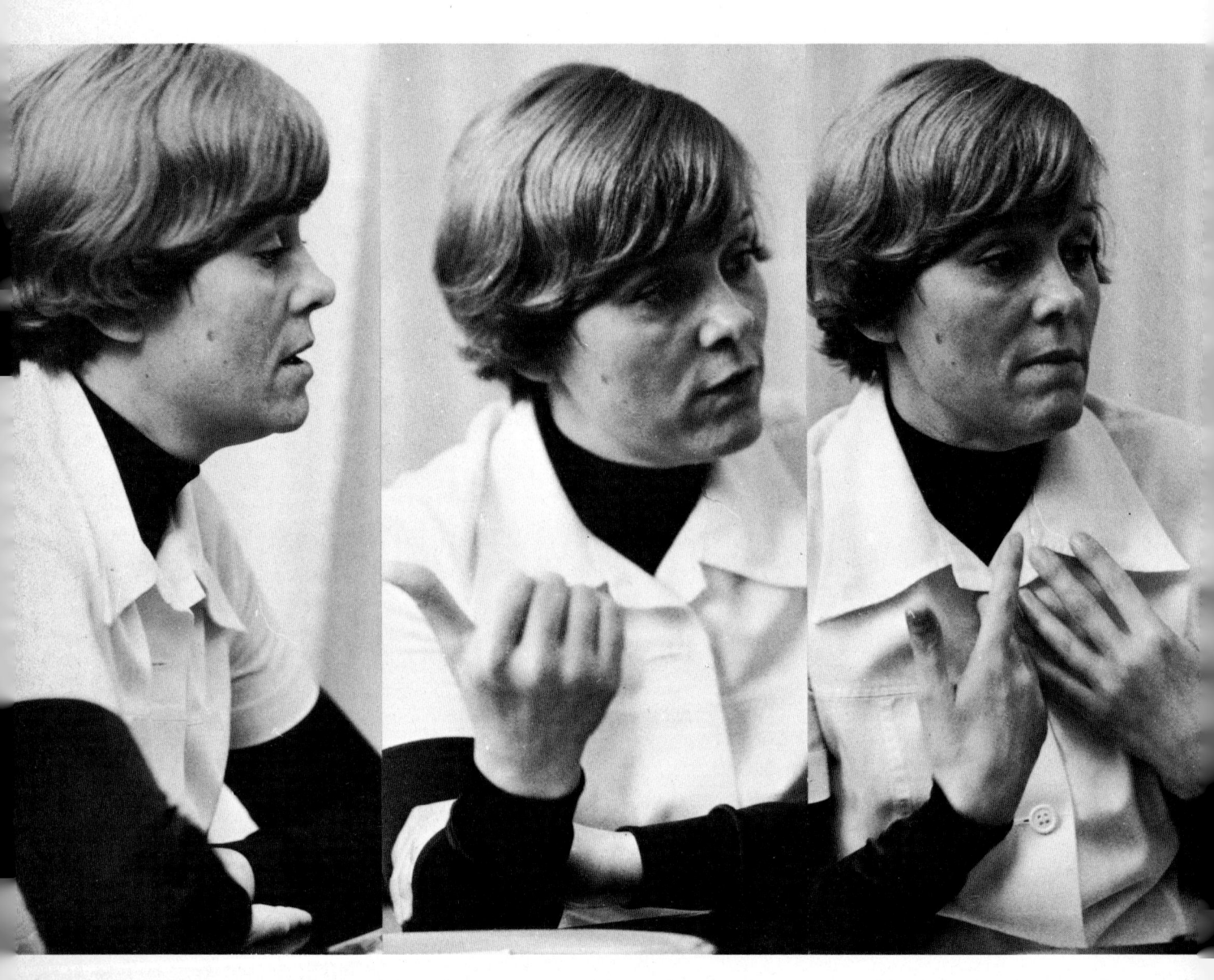

gesagt, wenn du nicht mehr da bist, wird sie sterben."
„Die hängen an mir, das stimmt. Ich mach ja auch alles, füttern, waschen, behandeln, trösten. Ich bin durch die Arbeit erfüllt, und du hilfst mir oft."
Die bettlägerigen alten Menschen mögen es gern, wenn Cordula sie besucht. Mutter und Tochter haben jetzt eine Wohnung, das ist gut, auch wegen der Neugierigen. Sie können tun und lassen, was sie wollen.
„Wie war's denn heute in der Schule?"
Cordula ist nicht sehr entzückt. „Ach, die Englischlehrerin hackt immer auf mir herum."
„Ich geh wieder hin, ich sprech mit ihr", sagt Mutti. „Da fehlt mir immer ein Mann. Bei einer alleinstehenden Frau glauben die immer, sie könnten machen, was sie wollen."
„Frag doch Papa, der weiß doch alles. Der hat alles gelesen", sagt sie stolz.
„Das hat er auch. Aber der kann nicht nachfühlen, was es heißt, wenn so ein Lehrer alles besser weiß."
„Hast du Papa nicht mehr lieb?" fragt Cordula.

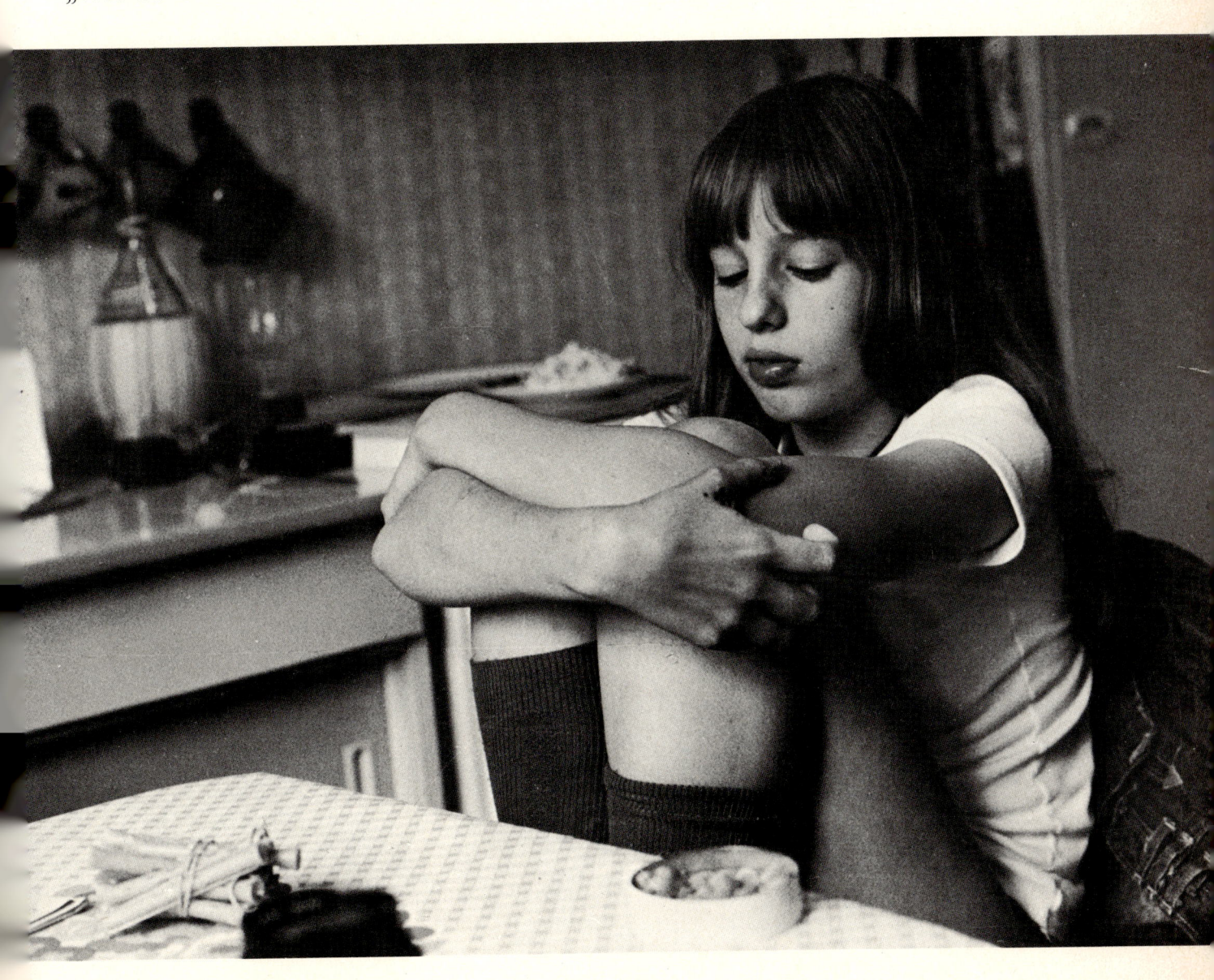

„Doch, aber weißt du, man lebt sich auseinander."
„Was heißt das?"
„Man ist sich nicht mehr so nah."
„Aber der Papa sagt doch immer, wie hübsch du bist, und er will dich doch immer küssen."
„All die einundzwanzig Jahre war es so, Cordula."
„Und warum hat er *dich* nicht geheiratet, wenn er doch immer kommt?"
„Das ist Schicksal. Der ist so. Ich kann's nur so sagen – Schicksal, man muß es annehmen."

„Hast du den Fritz so gern wie Papa, Mutti?" Fritz ist ein Freund von Mutti, mit dem sie letztes Jahr zehn Tage verreist war. „Ich hab ihn anders gern. Sehr gern. Der Urlaub letztes Jahr war mein erster richtiger Urlaub im Leben."
„Aber du warst doch schon mit mir im Urlaub, Mutti."
„Ja, ich meine, so ein Urlaub nur für mich. Und der Harz war so schön, abends haben wir Domino gespielt und geredet, geredet, geredet..."

Cordula war bei den Großeltern: „Ich hab auch Domino mit Opa gespielt. Ich bin Opas Schätzchen. Wenn du verreist, geh ich zu meinem Opa."
„Im Sommer verreise ich mit dir, Cordula. Aber so ein kleiner Urlaub war gut für mich. Hast du denn dem jungen Griechen auf seinen Brief geantwortet?"
Cordula hat einen Brief geschrieben, den sie mit vielen Häschen und Blumen, Vögelchen und kleinen Rehen verziert hat.
„Also malen kannst du fabelhaft. Der wird sich freuen. Wie wär's Cordula, wollen wir heute abend chinesisch essen?"
Cordula ist begeistert. „Dann denken sie wieder, daß du meine Schwester bist. Drehst du mir noch die Haare ein?"

Mutti hat die Haare eingedreht, sich selbst hübsch gemacht, und beide sind ausgegangen. Beim Essen erzählt Cordula von ihren Freundinnen, von der Schule, den Ferien, von ihren Plänen. Auch Mutti erzählt, denn über ihre Patienten gibt es immer etwas zu berichten.

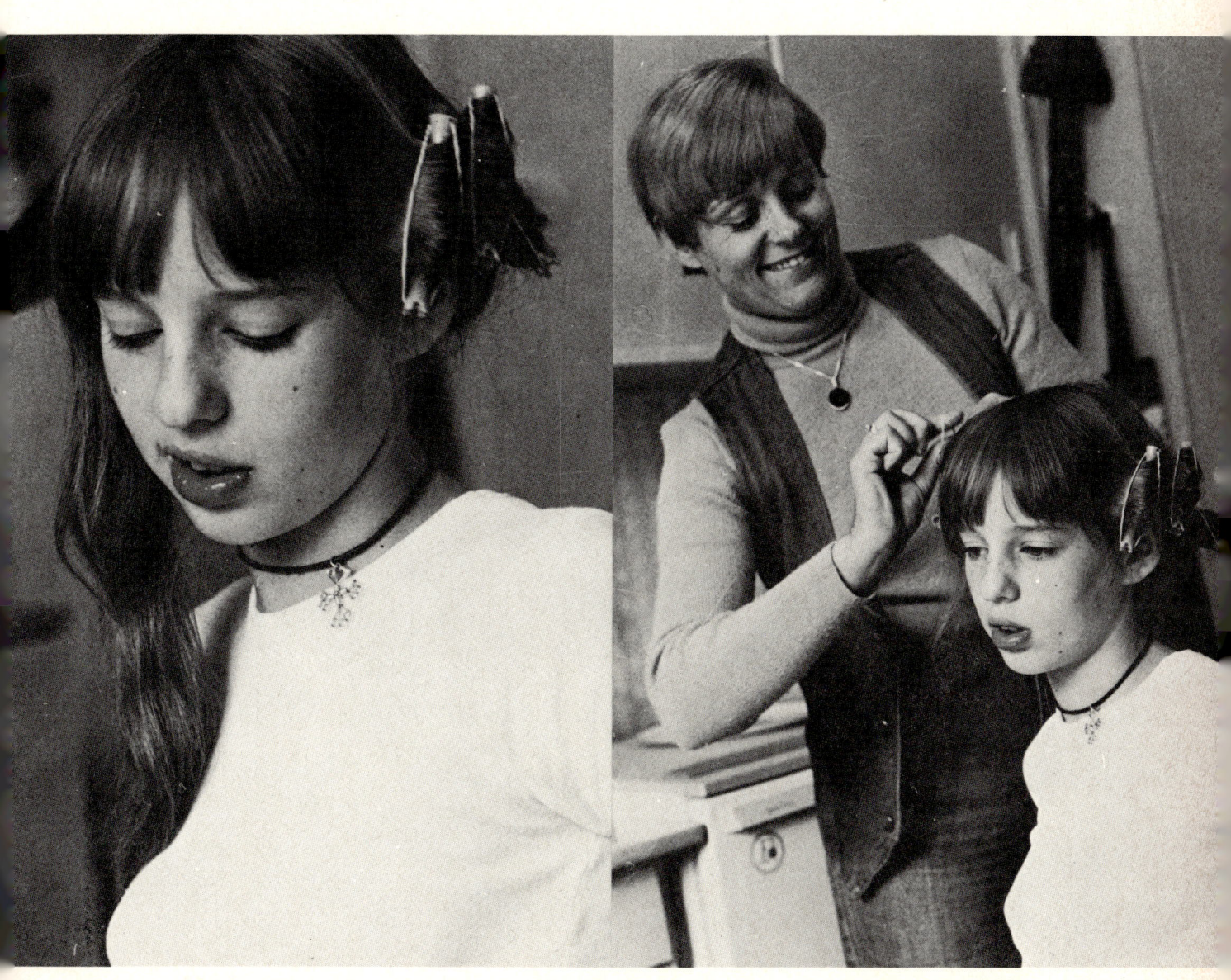

Plötzlich sagt Cordula:
„Ich finde ‚ledig' ein blödes Wort."
„Wie kommst du denn darauf?"
„Weil wir in der Schule über das Wort gesprochen haben."
„Hat denn jemand was gesagt, Cordula? Hast du dich geärgert?"
„Nee, nee – ich finde nur so."
Nach dem Essen gehen sie ins Kino, in „Gigi".
Cordula ist überglücklich: „Danke, Mutti, du bist ganz, ganz, ganz süß. Ich lese dir auch etwas vor, heute nacht."

Nach dem Film schauen sie noch Schaufenster an. In einer Passage bleiben sie vor dem Geschäft mit den schönsten Brautkleidern stehen.
„So was hätte mir auch gefallen, als ich siebzehn war", sagt Mutti. „Heiraten will deine Mutti nicht mehr. Du und ich, wir haben uns zu sehr an unsere Unabhängigkeit gewöhnt."
Früher hatte sie große Schwierigkeiten mit verheiratet und unverheiratet. „Komisch", denkt sie, „das ist mir jetzt egal. Mein Leben ist ausgefüllt. Ich möchte es nicht anders."

Mutti und Cordula sprechen über alles miteinander. Cordula gibt ihr Urteil ab: diese Freundin ist nett, dieser Freund ist nicht nett. Cordula hat einen guten Riecher. Mutti hört oft auf Cordula und hat auch Verständnis für sie. Manchmal hat Cordula „Anfälle", wie jedes Kind sie hat, wenn Mutti schimpft, weil sie immer ihre Pullover oder ihre Pumps anzieht oder unpünktlich ist: „Ich habe erst mit achtzehn so rumlaufen wollen. Du aber mit deinen vierzehn..."
„Ist eben alles früher", sagt Cordula und singt: „Meine Mutter ist aus Yokohama, mein Vater aus Paris."

Eine unverheiratete Frau, ein unverheirateter Mann sind ledig. Das Kind einer ledigen Frau ist ein uneheliches Kind. Wenn eine unverheiratete Frau ein Kind bekommt, ist sie eine ledige Mutter. Früher fanden die Menschen, daß es eine Schande ist, unverheiratet ein Kind zu bekommen. Die Gesellschaft ließ es die ledige Mutter und ihr Kind fühlen, als wenn sie etwas Strafbares begangen hätten. Beide wurden diskriminiert. Das Wort „Diskriminierung" solltest du dir merken. Es bedeutet, daß Gruppen oder einzelne Menschen in der Gesellschaft abgesondert werden, man sie nicht teilhaben läßt am öffentlichen Leben, besonders an den Rechten.
Früher nannte man eine ledige Mutter nach wie vor ein Fräulein. Eine erwachsene Frau - verheiratet oder nicht - sollte Frau genannt werden. Wenn sie ein Kind hat, ist sie eine Frau und erst recht kein Fräulein mehr. Der Mann, mit dem sie ein Kind bekam, hat sie verlassen, oder sie hat ihn verlassen, oder sie haben sich getrennt. Wir wissen nicht, was im Leben dieser Frau passierte. Wir können nicht urteilen. Sie ist eine Mutter mit einem Kind. Sie gehören beide zu uns. Das nimmt die Gesellschaft heute besser an als früher.

Es ist manchmal schwer, keinen Mann zu haben, keinen Vater für sein Kind.
Cordula hat eine gute Mutter. Sie hat das Glück, ihren Vater zu kennen. Sonst würde sie ihn vielleicht in ihrer Fantasie verherrlichen zuungunsten der Mutter. Die Wirklichkeit ist besser.

Warum wünscht sich Cordula wohl eine Brieffreundschaft mit einem Jungen?

Wenn ein Mädchen sich durchsetzen will, hat sie es schwerer als ein Junge?

Was denkst du über das Heiraten - auf dem Standesamt, in der Kirche?

Zirkuskinder

„Jetzt hör auf und laß dich bürsten. Mit solchen Haaren kann man nicht in die Schule, Verena, halt doch still."
Frau Spindler ist ärgerlich.
„Manuel, du wartest hier, hier, Manuel, und nicht dort, du kommst auch noch dran."
David besorgt das Bürsten selbst; er ist elf Jahre alt, 2 Jahre älter als Manuel.
„Die Judith soll mich kämmen", sagt Silvio. Judith braucht keine Hilfe, sie klettert auf die Waschmaschine, um sich in dem Spiegel zu sehen und ihr langes blondes Haar zu glätten.
„Benehmt euch, besonders du, Manuel. Los", sagt die Mutter mit versteckter Zärtlichkeit, halb stolz, halb ärgerlich.
„Los, macht jetzt und kommt nach der Schule sofort nach Hause, wir brauchen euch."
Draußen vor dem Wohnwagen steht Carola, genannt Toto, und Sabina. Sie gehen heute nicht zur Schule. Sie waren krank.
„Wo ist Silvio? Der soll sich beeilen."
Silvio ist wie immer bei Sven Patrick, dem vier Monate alten Baby, das in der Wiege liegt. Bis zur Schule geh ich mit, sagt Frau Rogall, Silvios Mutter. „Bitte, komm mit herein", betteln die Kinder.
„Warum, es ist doch immer dasselbe. Nein, ihr geht alleine."
Und das tun sie. Frau Rogall ruft von weitem: „Denkt an die Zettel!"
„Die vergessen wir doch nie", murmelt David, der Elfjährige der Spindler-Kinder.
Jedem Schüler, der vorbeikommt, wird ein Zettel in die Hand gedrückt.
„Was is'n das? Nachmittagsvorstellung, Zirkus Safari – ooch, so ein kleener Zirkus, nee, geh ich lieber in Krone."

Judith antwortet keß: „Bei uns haste mehr Spaß."
Die Schüler bleiben meistens nicht stehen, aber den Zettel behalten sie in der Hand. Daß man eine Abfuhr bekommt, gehört zum Geschäft. Silvio drängt seine Zettel auf: „Nimm doch, nimm."

142

„Hallo, du, gib mir mal drei, auch für meine Großmutter."
Als es klingelt, übernimmt David die Führung und steuert das Sekretariat des Direktors an.

Der Zirkus Safari geht alle zwei Wochen, manchmal auch alle zehn Tage in einen anderen Stadtteil von Berlin und schlägt dort sein Zelt auf. Die Kinder wechseln deshalb immer wieder die Schule. Jedes der Kinder holt jetzt sein Meldeheft heraus. In Judiths Zeugnis steht auf der letzten Seite:

Ringelnatz-Grundschule, Berlin 26
angemeldet am 18. 05. 1976
abgemeldet am 24. 05. 1976
Grundschule am Fließthal, Berlin 28
angemeldet am 25. 05. 1976
abgemeldet am 03. 06. 1976
David klopft: „Wir sind die Kinder vom Zirkus Safari."
Die Sekretärin ist etwas verdutzt. „Wartet draußen. Der Herr Direktor kommt gleich."
Die Kinder sind sehr still als der Direktor ihre Zeugnisse und Meldehefte ansieht.

„Ich bringe euch in eure Klassen", sagt er. Sie machen keine Geschichten und sind tapfer. Das sind sie gewohnt, denn im Zirkus muß man sehr oft tapfer sein, besonders wenn eine Nummer mißlingt und man sie wiederholen muß. Sie sind kontaktfreudig, das bringt ihnen der tägliche Umgang mit den vielen Besuchern. Hier in der Schule begegnet ihnen eine sehr fremde Welt. Sie fühlen sich beklommen und ungemütlich. Es ist eine abgemachte Sache, daß jedes Kind in seiner Klasse die Lehrerin ums Wort bittet.

Die siebenjährige Verena hat sich vor die erstaunte Klasse gestellt, hat Luft geholt und gesagt:
„Heute nachmittag, 15.00 Uhr, ist Kindervorstellung vom Zirkus Safari. Kommt alle in den Zirkus Safari am Grünen Anger. Eine Mark fünfzig für die Kinder und zwei Mark fünfzig für die Erwachsenen."
Die Schüler reagieren halb wohlwollend, halb abweisend.
Verena wendet sich an die Lehrerin: „Könnte nicht die geschlossene Klasse kommen?"

„Das wissen wir noch nicht", antwortet diese erstaunt. „Setz dich. Du heißt Verena? Setz dich, Verena. Füll mal hier die Kästchen aus."
Silvio ist in der gleichen Klasse.
„Kannst du nicht schreiben?", fragt ein kleines Mädchen den verwirrten Silvio.
„Ein bißchen. – Aber ich kann reiten, Löwen füttern, das Zelt mit meinem Vater aufstellen."
„Silvio, füll die Kästchen aus", sagt die Lehrerin. Verena denkt an ihren Affen.
„Du", flüstert Silvio, „mach die Kreuze. Drei hier, zwei da ..."

„Nee, laß mich doch selber", sagt sie, lutscht an zwei Fingern und denkt nach.

Manuel sitzt in einer anderen Klasse und starrt auf 17 + 5 =? Doch 17 und 5 bedeuten ihm nichts. „17 was? Denen könnt ich was erzählen, wie mal der Löwe krank war, oder wie ich die Pyramide gelernt habe, wie ich mal vom galoppierenden Pferd gestürzt bin.
5 + 9 = ?"
Na ja, 17 und 5 ist schließlich 22 und 5 und 9 ist zuerst 13 und dann doch 14.

Das ist Rechnen in der Schule. Manuels Welt rechnet anders.

In der Pause fragt die Lehrerin: „Woher bekommt ihr das Heu für die vielen Pferde und die Kamele?"
„Aus Süddeutschland, da ist es billiger. Letztes Jahr kostete das Heu 43,- DM der Zentner, und jetzt 46,- DM", antwortet Manuel. „Stellen Sie sich mal vor! Und wir verbrauchen viel, manchmal 60 Zentner im Monat."
Das weiß Manuel, aber 17 und 5?

Nach der Schule rennen die Kinder nach Hause. Verena ist glückselig, herumtollen zu können. Hier in Wannsee ist es fast wie auf dem Land. Das Grundstück ist ein großer verwilderter Obstgarten. Die Besitzerin hat erlaubt, daß sich der Zirkus eine Woche dort aufhält.
Die 14 Pferde stehen gestriegelt und gefüttert im Schatten einer langen Zeltwand. Das Zelt wird aufgestellt. Vater Spindler leitet diese sehr mühsame Arbeit. Das Dach wird aus der Mitte heraus an zwei großen Masten hoch-

gestemmt. Alle helfen mit. Dann erst kommen die Stangen, die das Dach weiten und stützen. Diese Stangen werden mit starken Heringen gespannt, so nennt man die Eisenstäbe, die in die Erde gerammt werden. Die letzte Arbeit ist langwierig und schwer: Rundherum wird die Zeltwand aufgehängt. Die Leinwand ist schwer. Sie muß hochgehievt und aufgehängt werden. Herr Spindler trägt dabei dicke Lederhandschuhe. Er steht auf einem Stuhl. Silvio und Manuel stehen hinter ihm, jeder mit einem Stuhl bewaffnet, den sie neben ihn stellen, damit er ohne herunterzuklettern und ohne Zeit zu verlieren wie auf einer erhöhten Bank weiterlaufen kann. Kaum setzt er den Fuß auf den neuen Stuhl, nehmen Silvio oder Manuel den frei gewordenen und stellen ihn nach vorne. Diese Arbeit machen sie um das ganze große Zelt herum. Sie sind mit Recht überzeugt, daß sie gebraucht werden.

„Vater, wer reitet Parade?"

„Laß mich in Ruhe, es ist mir wurscht, wer Parade reitet. Jetzt hänge ich die Wände auf."

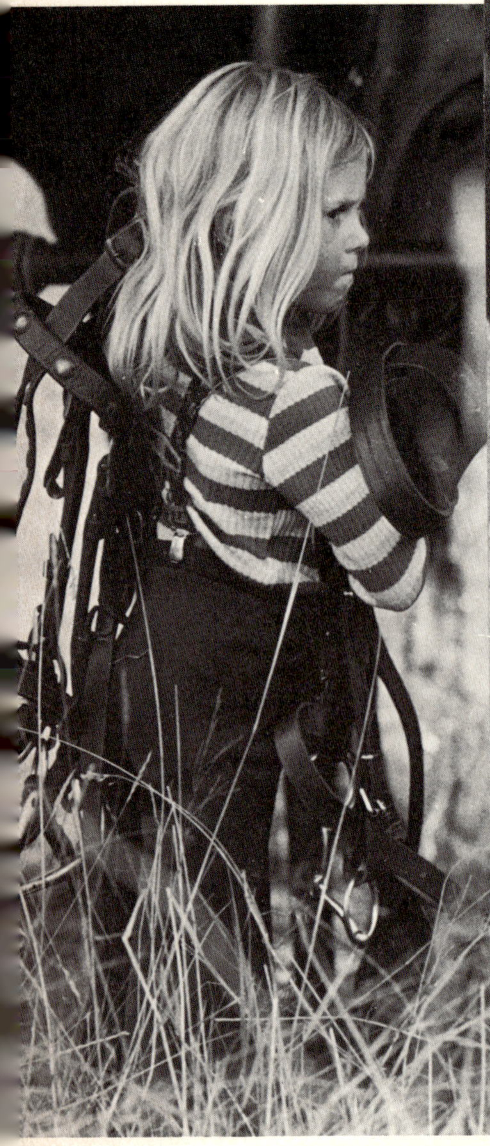

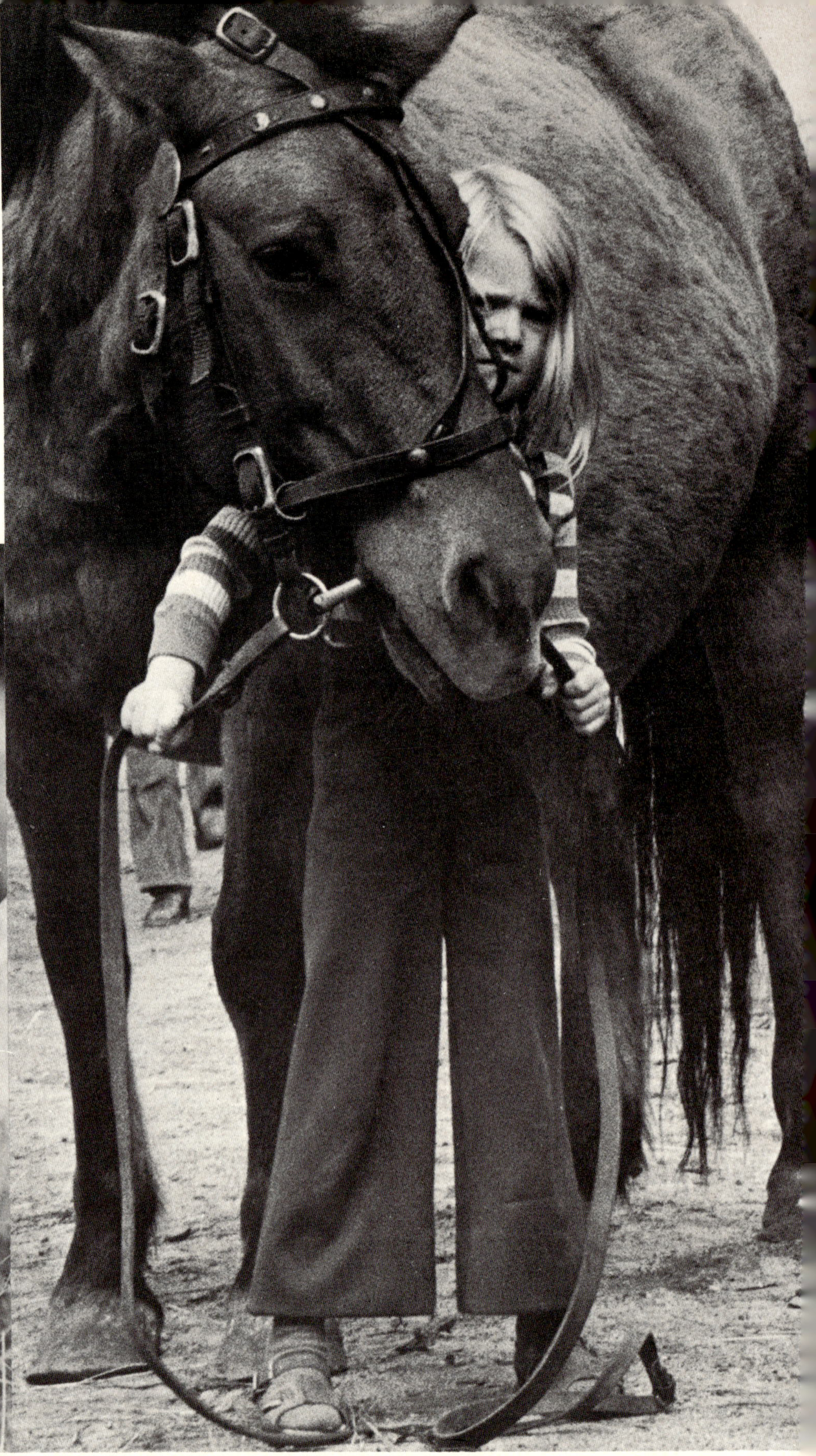

„Aber um zwölf Uhr ist Parade. Mutti ruft schon."
Verena kommt auf der Stute Wolke angeritten, deren Rücken so breit ist, daß Verena fast im Spagat sitzt. Judith schwingt sich auf das Pferd Beauty und führt zwei unberittene Ponys locker am Zügel. Dahinter rollt langsam der Wagen von Herrn Rogall. Er bedient die Musik und den Lautsprecher.
„Heute nachmittag um 15.00 Uhr ist Kinder- und Familienvorstellung..."
Er spricht deutlich und langsam.

Leute halten auf der Straße, schauen sich um, schütteln den Kopf, lachen.
Fenster gehen auf, Leute schauen heraus. Viele freuen sich. Manuel, der auf seinem Rad sitzt, verläßt blitzschnell den Zug, um sich ein Eis zu holen.
Judiths Haare flattern im Wind. Die Ponys wollen sich losreißen; Verena grüßt lachend nach links und rechts.

Ab 14.00 Uhr drängen sich Kinder aus Wannsee an dem noch verschlossenen Gitter des Zirkus. Es bleibt bis 14.30 Uhr geschlossen, was den Reiz erhöht und noch andere Zuschauer anzieht. Frau Spindler sitzt an der Kasse. Sie ist immer noch eine hübsche Frau. Sie wartet gelassen und raucht eine Zigarette. Vor ihr steht die geschlossene Kasse.
„Manuel, zieh einen anderen Pullover an, den weißen, hinten im Schrank."
Vater ist im Wohnwagen und donnert. Er zieht sich für die Vorstellung um.

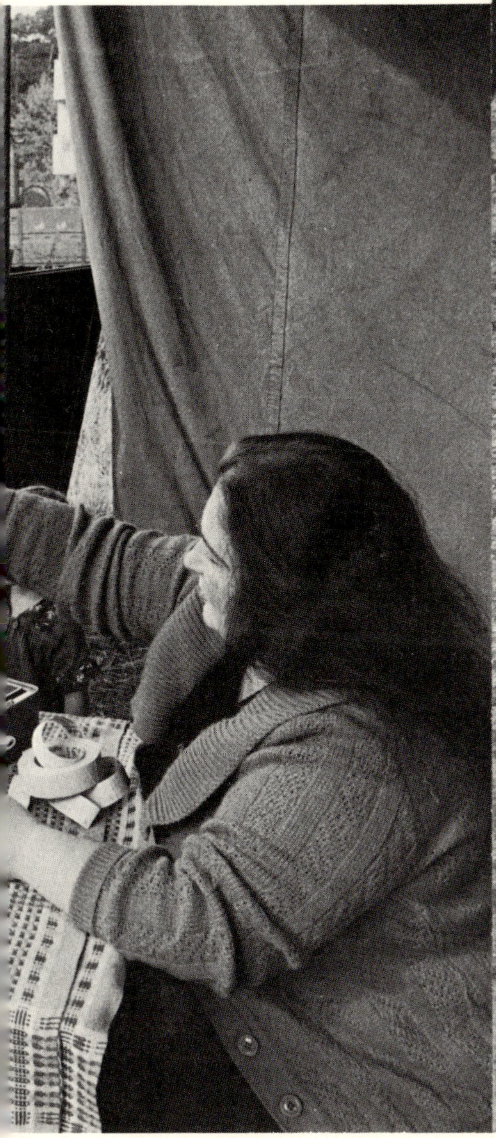

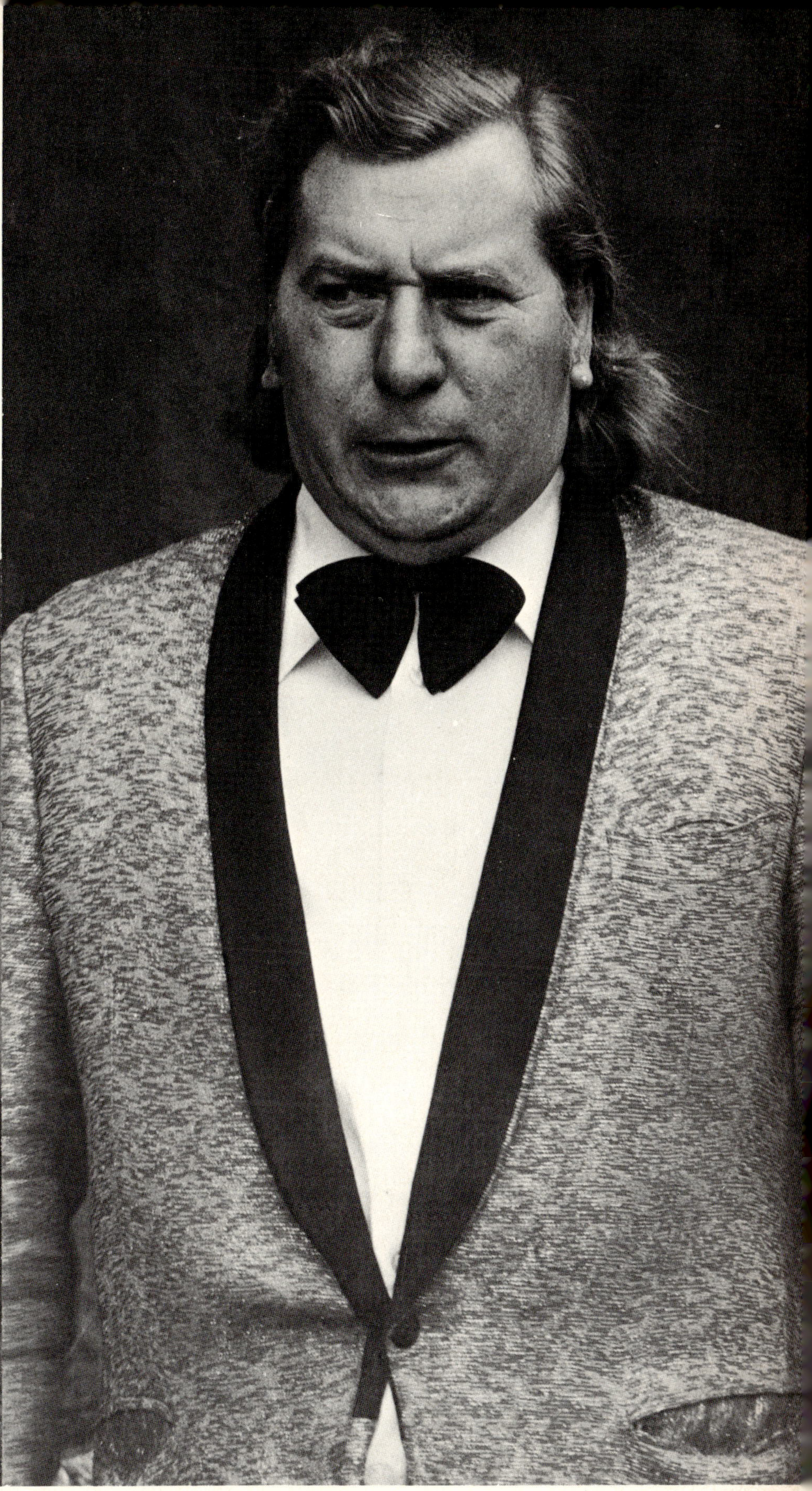

Manuel ruft: „Wo ist meine schwarz-weiße Hose?" „Zieh die schwarze an!"
„Ich will aber die schwarz-weiße."
„Ach, diese Biester", stöhnt Frau Spindler. Das Tor wird geöffnet, der Verkauf beginnt. „Was kostet eine kleine Vierjährige?" fragt eine Frau. „Fünfzig Pfennig." „Geh dich waschen, Manuel, oh, das ist ein Faulenzer!" „Das Baby kostet nichts", sagt sie zu einer jungen Mutter und reicht ihr ein Billett. Es kommen viele Kinder, die sich an der Kasse drängen.

Es ist fünf Minuten vor drei. Frau Spindler ist etwas nervös. Um drei wollen sie anfangen. Doch der Beamte des Bezirks, der das Zelt „abnehmen" muß, war noch nicht da. Abnehmen heißt, daß er kontrolliert, ob das Zelt fachgemäß aufgestellt ist, damit die Zuschauer keinen Schaden erleiden. Ohne „Abnahme" zu spielen, kann 2500,– DM Strafe kosten.

Das Zelt wird langsam voll. Es passen 300 Leute hinein. Am Eingang des Zelts sitzt die Großmutter mit unbeweglichem Gesicht.

Sie kontrolliert ruhig und streng die Billette. Sie sagt: „Die Kinder sind heute sehr frei."
Im anderen Wohnwagen steht der Clown auf der Treppe und schminkt sich ganz weiß. Er ist sparsam mit der Schminke und sehr sorgfältig.
Jetzt gehts los. Mit einem Schlag beginnen die Vorführungen. Herr Spindler steht in der Manege und ist freundlich, gut gelaunt; er lächelt, redet halb so laut wie vorher. Er trägt seinen hellblauen Glitzerfrack mit schwarzen Revers. Er ist wie verwandelt und knallt mit der Peitsche. Sein Pferd rennt um die Manege, in der Mitte steht eine Wippe, auf die das Pferd klettern soll. Der Radetzky-Marsch klingt aus dem Lautsprecher, die Nadel des Grammophons überspringt manchmal eine Rille; das Pferd walzert im Takt um die Manege.
Die Kinder klatschen und freuen sich.
Judith zeigt ihre Turnnummern: Spagat, die einfache und die komplizierte Brücke, einen Salto mortale, zweimal das Rad, das erste Mal gelingt's fast, das zweite Mal hervorragend.

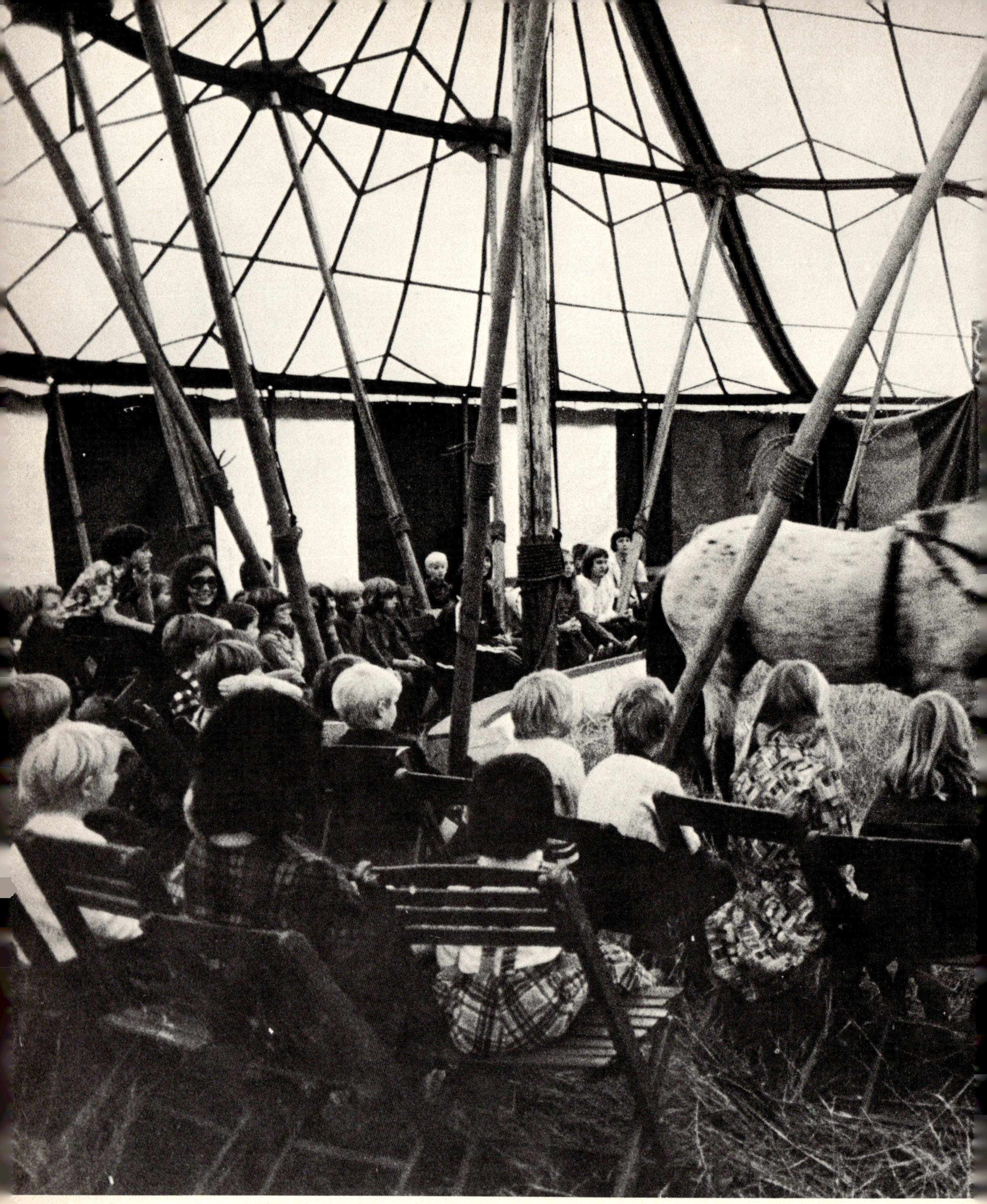

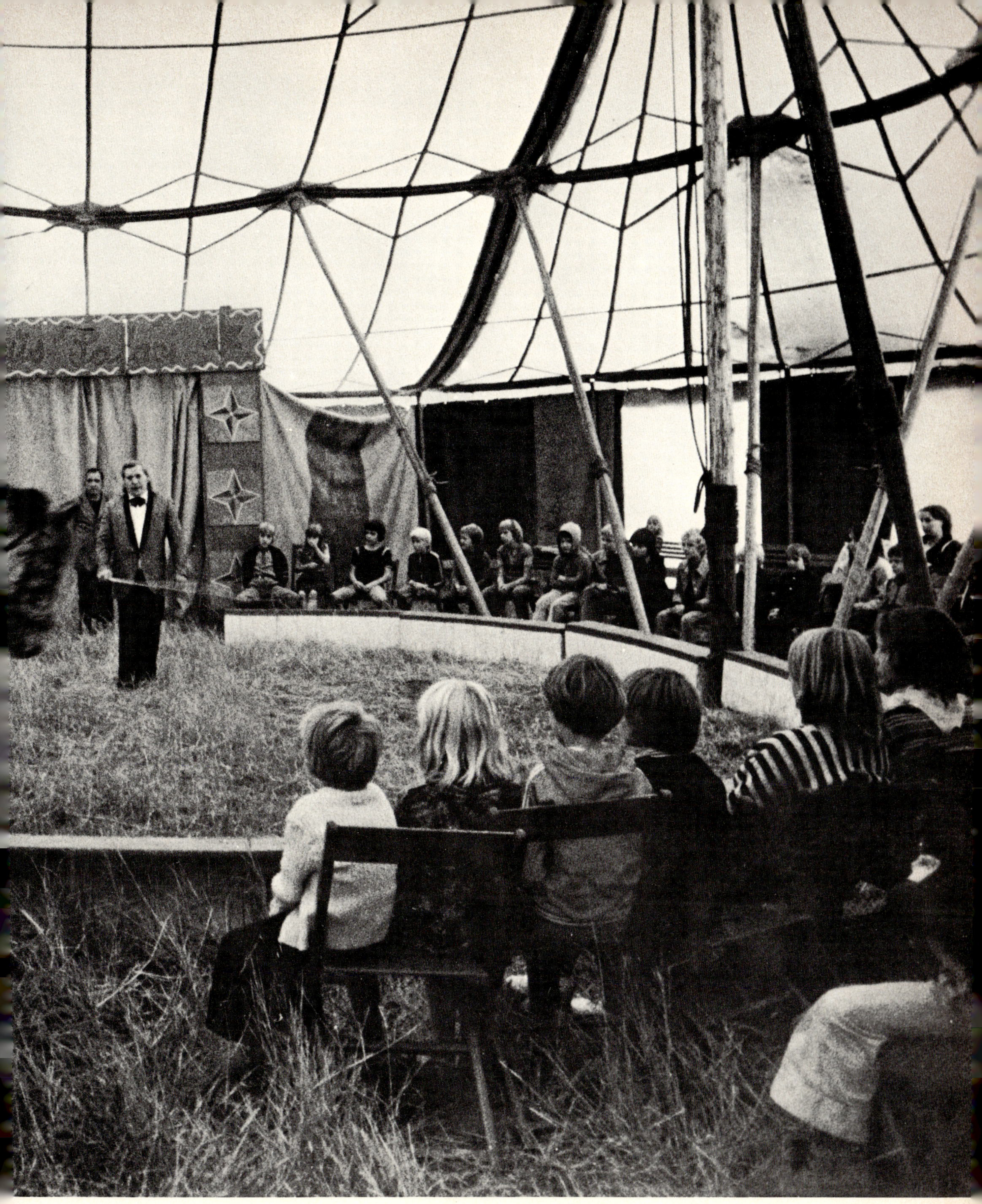

Darüber freut sich das Publikum. Judith zerrt an ihrem flachen, bestickten Büstenhalter, stellt sich in Positur.

Sie hebt die Arme und läßt sich feiern. David macht eine gute Clownnummer, über die die Kinder viel lachen. Die Witze sind

altbekannt und sind meist verständlich und
lustig. David hat das todtraurige Gesicht
der Clowns.

Ein großer Handschuh fliegt ins Publikum,
das auflacht.
„Leberwurst", sagt der Clown August zu

David, „die Handschuhe sind weggeflogen. Wir holen die Porzeilei!"
Lupu, das Pferd, galoppiert um die Manege. „Paß mal auf, Leberwurst, auf das Pferd spring ich rauf. Ich brauche eine Leiter. Du, Leberwurst, das Pferd hat ein Loch", sagt er, als er eine Sprosse verfehlt. Er springt, als das Pferd vorbeirennt und sitzt verkehrt herum oben. „Der kann gut reiten", sagt ein Kind, „das ist ganz schön schwer, so zu tun, als ob man herunterfällt. Das weiß ich vom Voltigieren."
Das Pony stellt sich auf die Wippe, und es schaukelt mit Kindern aus dem Publikum. In der Pause ist Tierschau. Ein paar Kinder gehen in die Manege und zeigen ihre Kunststücke, die meisten aber gehen zu dem großen Stachelschwein Rima, streicheln das Pony Beauty, fürchten sich etwas vor der Spucke der Kamele. Die Löwen liegen in ihren Käfigen und blinzeln schläfrig in die Kindermenge. Einer räkelt sich plötzlich und gähnt. Für einen Augenblick sieht man das Riesengebiß.
„Das Gitter hält doch?" fragt ein Kind.

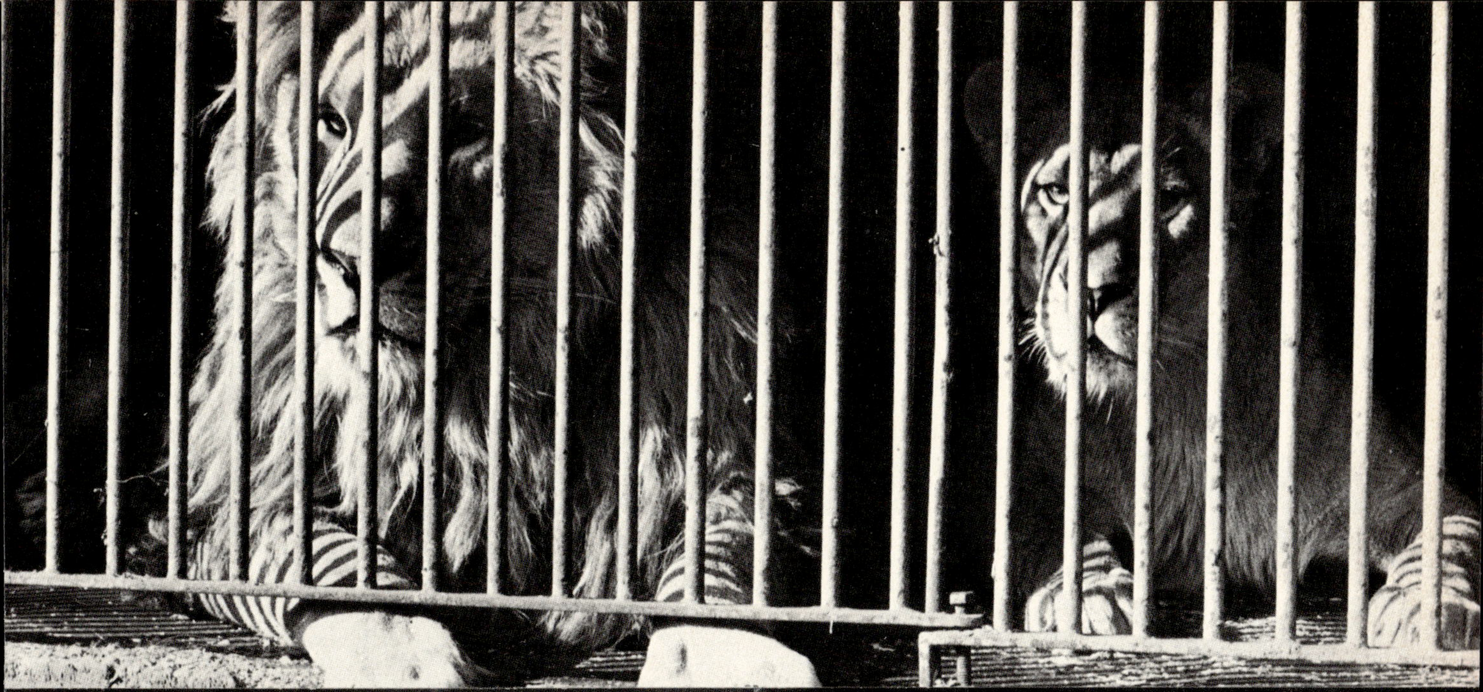

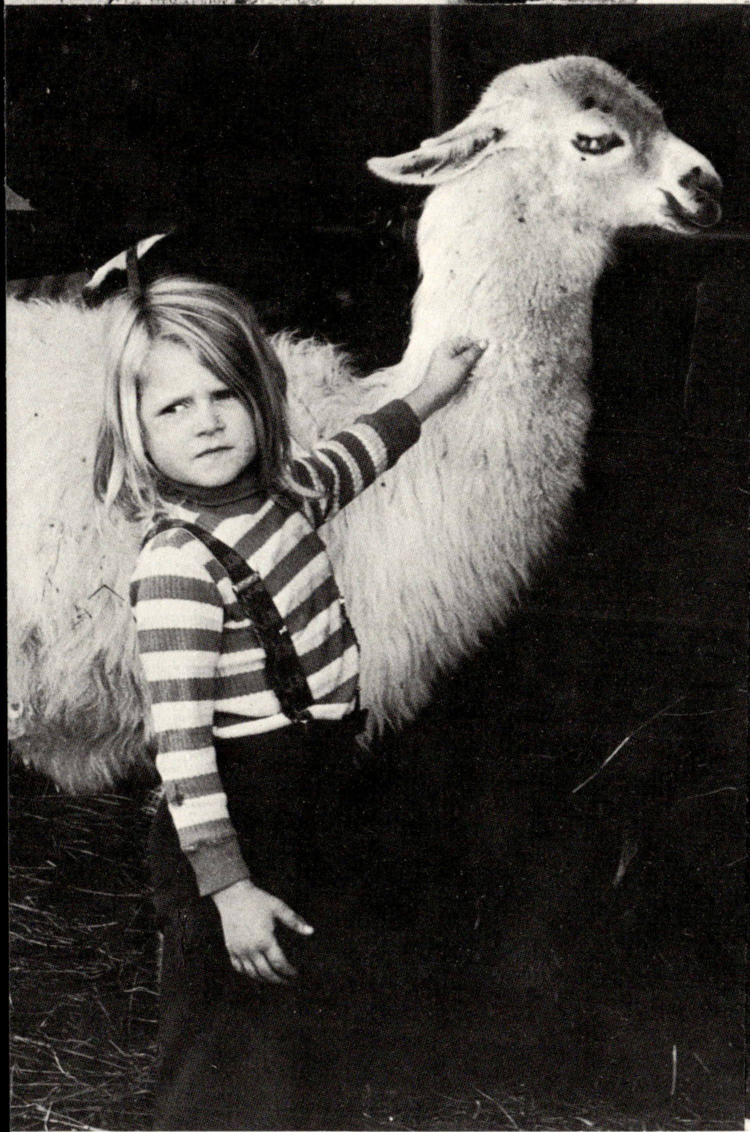

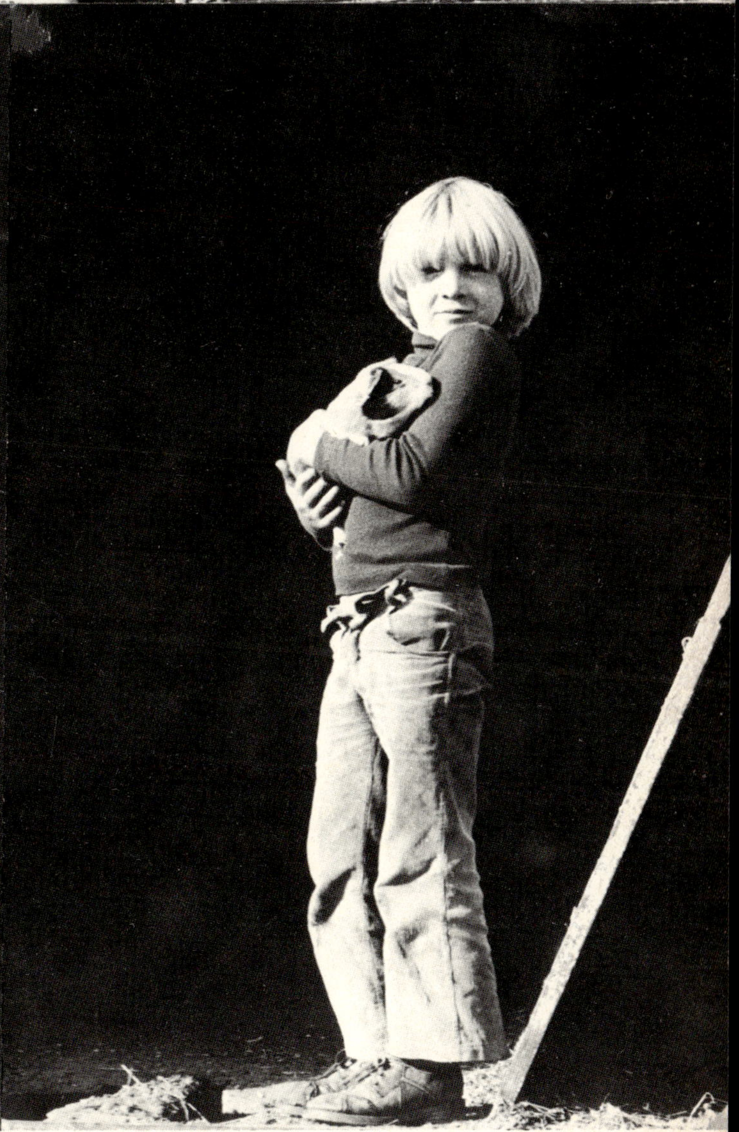

Ein paar Kinder dürfen auf den Pferden reiten. Die Kleinen sitzen ernst und würdevoll auf ihren Ponys.
Nach der Pause reitet der Affe eine Runde, dann kommt Herr Spindler und stemmt den stocksteifen Manuel in die Höhe. Das sieht so leicht aus, aber Manuel muß sich ganz schön anstrengen, um den Ansprüchen des Vaters zu genügen. Das Publikum ahnt nicht, wie lange Vater und Sohn üben mußten.

Verena steht neben dem Vater. Sie hat die Hände auf dem Rücken und schaut ins Publikum. Jetzt ist sie dran. Sie ist ganz bei der Sache und läßt sich herumwirbeln. Die Ponynummer begeistert das Publikum. Daß ein Pony zählen kann! „5 + 4 = 10."
„Ist es nicht richtig?" Beauty schaut mit gesenktem Kopf auf den Boden und rührt sich nicht. „5 + 5 = 10. Stimmt es?" Beauty kratzt mit dem Fuß. Die Kinder klatschen.
Das Schönste kommt, als Wolke um die Manege trabt. Drei Kinder aus dem Publikum dürfen in die Manege.

„Paßt auf, ich werfe den Hut in die Luft, wer ihn fängt, setzt ihn auf und versucht, sich aufs Pferd zu schwingen." Diese Vorführung hat großen Erfolg, besonders als ein Mädchen auf das Pferd springt, fast herunterrutscht, aber mit großer Energie oben bleibt.

Am Abend wird alles gepackt, das Zelt abgebrochen und weitergezogen.
Frau Spindler fehlt. Sie hat starke Rückenschmerzen. Sie muß oft schwere Sachen heben. Sie liegt im hinteren Bett des Wohnwagens und kann alles übersehen. Rechts steht ein Schrank mit den Anziehsachen, den Manuel durchwühlt hat. Über dem Bett hängen die Glitzertütü von Judith und Verena, um nicht gedrückt zu werden. In der Mitte des langen Wohnwagens ist das Eß- und Wohnzimmer. An dem Eßtisch macht Judith manchmal Aufgaben. Es gibt einen elektrischen Herd, Waschmaschine, ein Küchenbüfett, Sessel und Stühle, ein paar Bilder, Fotos und Poster, wie in jeder anderen Wohnung auch. Nur eben kleiner.
Ein Teil der Kinder schläft im Wohnwagen der Eltern, die anderen wohnen bei der Großmutter im zweiten Wohnwagen. Zum Essen steht Frau Spindler auf und kocht. Sie stöhnt.
„In hundert Jahren ist es vorbei", sagt Herr Spindler.
„Essen! Essen!" ruft sie. „Wo ist die Großmutter?"
Alle setzen sich um den kleinen Tisch, Vater Spindler schneidet seiner Mutter das Fleisch und schiebt es ihr auf den Teller.
„Vater, wieviel kostet unser Zelt?"
„Vor fünf Jahren 20000,- DM."
„Au, 20000,- Mark!"
„Das Zelt vom Großvater war größer."
„Und das vom Onkel?"
„Ist genauso groß wie unseres. Das braucht was, bis man das zusammen hat. Davon träumt man lange, mein Junge. Meinem Großvater und meinem Urgroßvater ist es nicht anders gegangen."
„Und wohin gehen wir im Winter?"
„In ein leeres Fabrikgebäude im Norden von Berlin. Da heißt es arbeiten, neue Nummern lernen. Willste noch was, Mutter?"
„Ich gehe noch radfahren", sagt Manuel.
„Du bleibst hier. Wir brauchen dich. Es wird abgebaut."

Zirkuskinder ziehen mit dem Zirkus durch das Land. Schifferkinder leben auf Lastschiffen und ziehen langsam die Flüsse hinauf und hinunter.

Hast du schon einmal diese Kinder beneidet?

Das kann man besonders gut, wenn man im Hintergrund ein festes Zuhause hat in ein und derselben Umgebung, mit Menschen, die man kennt und mag, in Familien, Schule, Kirche, Geschäften und Spielplatz.
Für die Safari-Kinder gibt es auch ein Zuhause, aber in einer immer wechselnden Umgebung. Es können keine Bindungen entstehen, nicht an Orte und nicht an Menschen, nur Erinnerungen.

Weißt du, was dein Vater täglich arbeitet?
Weißt du, was deine Mutter neben ihrem Haushalt noch arbeitet?
Die Safari-Kinder arbeiten mit ihren Eltern. Ihre Arbeit wird gebraucht. Sie müssen viel üben, damit die Zirkusnummern gelingen. Schlechtes Üben gefährdet die anderen. Einer hängt von dem anderen ab.

Was denkst du über die Freiheit der Safari-Kinder? Lebst du nicht viel ungebundener? Oder würde dir dieses Leben gefallen?

Eine Problemfamilie

Wie immer am Sonntag fühlte sich die Mutter nach dem längeren Schlaf noch müder als an den Werktagen, an denen sie früh heraus muß, da ihr Weg zur Arbeit lang ist.

Sie zog den Bademantel an und kämmte sich etwas. Heute wollte sie ein richtiges Frühstück machen. Das hatte sie während der vergangenen Woche mit ihren Kindern verabredet. Nein, heute wollte sie mal nicht in der Küche decken, sondern im Wohnzimmer. Sie zog die Rolläden herauf. Einer davon war schon lange kaputt und blieb schräg im Fensterrahmen stehen. Sie zog den Vorhang zu. Draußen war es nebelig und still.

Sie holte eine Decke aus einer Schublade, doch die war nicht sauber. „Wer hat die wieder..." murmelte sie. Sie nahm eine andere, die war auch nicht ganz frisch. „Die geht noch, wenn die Sachen drauf stehen..., man müßte mehr Zeit haben, es hilft einem ja auch keiner." Sie deckte für fünf: Fritz, Yvonne, Martin, Tilman und sich selbst. Sie versuchte, den Tisch etwas festlich zu decken. Der Schinken kam auf einen Teller, ohne Papier, die Wurst legte sie auf ein Brettchen mit einem Zackenmesser. Sie füllte die Marmelade in einen anderen Topf, brühte den Kaffee auf und wärmte die Milch. Sie holte noch Quark aus dem Eisschrank, warf ihn aber weg, als sie daran gerochen hatte. Zuletzt machte sie weiche Eier und legte sie unter eine Kaffeemütze.
Auf dem Balkon waren die Geranien fast alle vertrocknet, nur drei blühten noch. Sie schnitt sie ab, stopfte sie in eine etwas zu enge Vase und stellte sie auf den Tisch. Sie wartete eine lange Zeit. Dann ging sie zu Yvonnes Zimmer und klopfte. Als sie keine Antwort bekam, ging sie hinein. Das Zimmer war aufgeräumt, das Bett gemacht, aber leer.
Bei Tilman klopfte sie nicht. Sie wußte, daß es falsch war. „Er hört es ja doch nicht", dachte sie. Tilman lag auf dem Bett, angezogen, mit Stiefeln und schlief. Das Zimmer roch nach kaltem Rauch. Am Boden lauter leere Cocaflaschen zwischen Büchern und Platten. Die Gitarre lag auf dem Tisch. Da brüllte Tilman plötzlich: „Raus!" „Ich bin's ja nur", sagte sie gereizt, „ich habe Frühstück gemacht."
„Na und! Kann man denn nicht mal am Sonntag ausschlafen?"
„Hör mal zu, mein lieber Junge."
„Ich bin nicht dein lieber Junge. Laß mich in Frieden!
„Wir hatten aber ausgemacht,..."
„Ausgemacht, was? Ach so, letzte Woche, hab ich vergessen. Laß meine Sachen liegen!" brüllte Tilman, als die Mutter sich anschickte, seinen am Boden liegenden Anorak aufzuheben. „Das ist mein Anorak!"
„Aber von mir bezahlt, von mir gereinigt."
„Jetzt kommt die alte Leier, was du alles tust, alles zahlst."
„Sei nicht so frech, schau wie du aussiehst, und dein Zimmer..."
„Kein Mensch hat dich gebeten hereinzukommen!"
„Aber das Frühstück", versuchte sie noch einmal, „es gibt Kaffee, Schinken, Zopf..."
„Versuchst du mich jetzt mit Essen zu ködern? Du bist ja naiv. Jetzt gibt's einmal am Sonntag

Frühstück und da meinst du, daß alles nach deiner Pfeife tanzen muß. Nee! Anschreien, meckern und Essen anbieten, zu wenig, Frau Meyer!"

Sie ging hinaus und ließ die Tür sperrangelweit offen. Wie ein Wilder sprang Tilman von seinem Bett auf und schlug laut fluchend die Türe zu. Den Schlüssel drehte er zweimal im Schloß um. Und dann drehte er sein Radio laut auf. Er legte sich bäuchlings auf sein Bett und wimmerte plötzlich wie ein kleines Kind: „Gemein, gemein, blöd, gemein – ich will das alles nicht mehr!"

Die Mutter stand im Gang, als Fritz aus seinem Zimmer schaute. Fritz, obwohl jünger als Tilman, war größer und sah älter aus.
„Der is' wohl verrückt", sagte er und deutete auf Tilmans Zimmer. „Was ist los?"
„Ich warte mit dem Frühstück", sagte sie kalt.
„Frühstück?", wiederholte Fritz erstaunt.
„Ach so, wir hatten ja vor einer Woche ausgemacht, hab ich vergessen. Ich muß bald weg, ich bin mit Keller verabredet – wir schreiben 'ne Klassenarbeit in Physik, weißt ja."
„Und Martin?"
„Martin, den solltest du besser schlafen lassen, den habe ich gestern abend wieder einmal aus der Rosenbaude heimgetragen. Daß der Kerl immer so Sachen trinkt . . ."
„Was für Sachen?" „Mein Gott, du willst doch nicht sagen, daß du nicht weißt, was er dort macht. Nur Cocatrinken tut er nicht."
Sie wollte zu Martin, aber Fritz nahm sie von hinten in die Arme, drehte sie herum und stieß sie heraus.
„Laß jetzt die Finger davon!" Und Fritz schloß die Tür.

Es war jetzt elf Uhr. Sie setzte sich an den Tisch, stützte die Ellenbogen auf und versuchte nachzudenken. Sie goß sich lauwarmen Kaffee ein, dabei stieß sie die Vase um, sie ließ sie liegen. Vom Tisch tropfte es leise auf den Boden.

Gegen zwölf kam Yvonne. Sie war siebzehn, ein hübsches, etwas mißmutig aussehendes Mädchen, Tilmans Zwillingsschwester. Sie schaute auf den Tisch, zupfte sich eine Schinkenscheibe vom Teller, kaute sie stehend und sagte: „Ich war bei Stockmanns. Gestern wurde es zu spät, die U-Bahn war weg, und anrufen fand ich blöd."
„Ich will aber wissen, wo du mit deinen Freunden bist. Ich will, daß du mich fragst, ob ich einverstanden bin."
„Einverstanden, daß ich nicht lache. Du fragst mich doch auch nicht, ob ich einverstanden bin, wenn du ausgehst."
„Donnerwetter, was ist denn Freundschaft! Lautes Radiogeplärr, Coca, herumliegen . . ."
„So stellst du dir das vor. Wir reden, diskutieren, lesen, haben uns gerne. Aber wie du meinst. Du weißt es ja immer besser."
„Ich versteh nichts, ich bin zu dumm, ich bin gerade gut genug zu waschen, bügeln, kochen."
„Das alte Lied. Übrigens, Vater kommt nachher und holt mich ab. Ich wasch mir noch die Haare. Wartest du auf jemand?"
„Ich warte auf niemanden. Ich habe für sechs gedeckt. Ich trinke aus sechs Tassen; Schinken, Quark, Marmelade, Wurst esse ich alleine auf. Geh dir doch die Haare waschen", schrie sie plötzlich weinend.
„Ma, reg dich doch nicht so auf, wegen dem bißchen Frühstück."

Nach eins klingelte es, und der Vater kam.
„Wie geht's", sagte er ungeschickt. Vater lebt manchmal monatelang nicht zu Hause. Er ist Vertreter. Das Geschäft geht nicht gut und Vater sucht sich Trost woanders. „Du frühstückst noch?"

„Willst du kalten Kaffee, dann nimm – ein kaltes Ei gefällig, bitte."
Er stellte die Vase wieder aufrecht und fing an zu essen. „Wo sind die Kinder?"
„Ja, wo sind die Kinder – monatelang interessierst du dich einen Dreck für sie und jetzt . . ."
„Na, jetzt frage ich, wenn ich nicht frage, ist es doch auch falsch. Fang doch nicht gleich wieder an. Ich geh heute mit Yvonne zum Eiskunstlauf, es gibt so 'ne Show."
„Das ist ja fabelhaft! Fritz, Tilman, Martin, die Geldsorgen, ich, diese Wohnung, das interessiert dich nicht. Das soll alles ich machen, während der Herr mit seiner Tochter zum Eiskunstlauf geht!"
„Willst du denn mit?"
„Ich? I Gott bewahre, bei der Arbeit, nein danke – zu gütig."
„Ach, du keifst gleich, hier hält es ja kein Mensch aus. Ich geh gleich wieder."

Um drei Uhr fing sie an, die Küche aufzuräumen. Es stand noch Geschirr von zwei Tagen herum. Der Eisschrank stank. Der Beutel vom Staubsauger war so voll, daß er nicht mehr zog.
Um fünf erschien barfuß, in einer Pyjamajacke und Unterhose, Martin. Er war sehr blaß.
„Mir ist schlecht, Mutter. Mach mir Kaffee – bitte."
Er setzte sich an den Tisch und legte den Kopf auf die verschränkten Arme. Sie machte den Kaffee warm. Er trank in kleinen Schlucken und weinte leise vor sich hin.
„Warum heulst du denn?"
„Ich weiß nicht. Ich bin kaputt, alleine."
„Ist was mit der Schule?"
„Ja, ein Brief. Der liegt dort. Ich hab geschwänzt. Aber beim Aufsatz habe ich den besten geschrieben und doch nur 'ne vier bekommen – wegen der Rechtschreibung."
„Aber sie wissen doch Bescheid mit deiner Legasthenie."
„Ja, schon, aber immer wollen sie nicht alles auf die Legasthenie schieben. Mutter, ich weiß überhaupt nicht, ob ich noch in diese Schule will."
„Aber wohin willst du? Wie soll ich dir helfen, ich steh doch im Beruf. Wenn nur Vater helfen würde."
„Ich möchte wohin, wo es Bäume gibt, wo man alle kennt, wo es klein ist, wo mein Zimmer anders ist, wo einer da ist, wenn ich heimkomme."
„Aber ich bin doch da –"
„Ja schon, aber immer da –"
„Aber viele Frauen arbeiten doch. Außerdem hätten wir nicht genug Geld."
„Ja, ja ich weiß – man kann sich ja auch Sachen ausdenken. – Mir ist so schlecht."
„Willst du noch was essen? Hol deine Wäsche. Ich will noch waschen. Sag mal, Martin, hast du Geld aus dem Portemonnaie genommen?"
„Weiß ich nicht mehr."
„Du weißt es nicht mehr?" „Nee –".
„Letzte Woche fehlten auch 20 Mark."
„Du hast mir ja kein Taschengeld gegeben."
„Also du hast Geld genommen."
„Ach, laß mich doch! Ist doch alles egal! Der Fritz nimmt auch! Ich geh wieder ins Bett! Mir ist so schlecht!"
„Hast du denn keine Aufgaben?"
„Ach, Aufgaben –"

Die Mutter bleibt alleine am Tisch. Dann steht sie auf und macht ihren Haushalt zu Ende. „Es ist ungemütlich hier", denkt sie, „Martin hat recht, es steht alles falsch. Die Vorhänge sollten gewaschen werden. Die Wände gestrichen. Die Jungens könnten doch . . . Ach was, dieses Foto hier: ich als Braut mit Peter – albern. Wie steif wir da stehen. Diese Decke muß weg.

Jetzt kommt die schlimme Stunde. Sonntag abend zwischen fünf und sieben. Da fürchte ich mich. Da möchte man am liebsten, daß alles aufhört."
Sie zieht den Morgenrock enger um sich und hält ihn vorne an der Brust zu. Mit der anderen Hand dreht sie das Fernsehen an und setzt sich hin und verliert sich in die Liebesgeschichte eines Heimatfilms.
Morgen ist wieder Montag.

Informationen

Durch einen kurzen Einblick in ein mißglücktes Familienfrühstück am Sonntag lernst du die Probleme dieser Menschen kennen.

Es hat einmal Liebe, Hochzeit, Kinder und Zusammenleben gegeben. Jetzt fällt diese Familie auseinander. Jeder geht seine eigenen Wege, um woanders etwas Glück zu finden.
Kannst du dir auch vorstellen, daß ein Jugendlicher sich von der Familie abzulösen versucht, um sich selbst und seinen Weg zu finden?
Glaubst du, daß man sich ablösen und doch in Verbindung bleiben kann?
Diese Familie hat nicht von Anfang an gelernt, zusammenzuarbeiten, um das Leben zu Hause und draußen zu bewältigen. Jeder tut etwas für sich und nicht für die Gemeinschaft.
Warum macht die Mutter das Frühstück?
Kennst du einen Jungen oder ein Mädchen in deiner Klasse aus einer ähnlichen Familie?
Verstehst du jetzt besser, was sie dir manchmal erzählen oder warum sie sich so merkwürdig verhalten?

Hochzeit auf dem Lande
In dem „Versuch einer Sozialgeschichte" [1)] lesen wir über die Landfamilie im 19. Jahrhundert: „... Die Bauernwirtschaft präsentierte sich als die Produktionsstätte, die vorwiegend von den eigenen Familien- und Hausangehörigen betrieben wurde ... Der Bauer wünschte sich für seinen Hof möglichst viele Kinder als zukünftige Arbeitskräfte ... Jeder Hof war auf seine Weise organisiert. Man produzierte möglichst alles, was man brauchte, selbst und darüber hinaus ... Dieses System ordnete sich nicht nur rein äußerlich der bäuerlichen Wirtschaftsführung unter, sondern auch die gesamte familiale Struktur, die auf ‚das Haus' konzentriert war. Sie umfaßte die Arbeitsteilung, die Rollenzuordnung im patriarchal-autoritären Sinne, die Erziehung der Kinder im traditionell-konventionellen Lebensverständnis – aber auch die Heiratsvorschriften und die materielle Versorgung der alten Familienmitglieder.
Solchen Zielen galt die Anhäufung des Heiratsgutes für die Töchter, der Kleideraufwand und vor allem die üppigen Hochzeiten, die das geschilderte Sozialsystem weiterhin stabilisieren sollten und in der formalisierten Sprache der Bräuche seinen festlichen Höhepunkt bildeten." [2)]
Durch „den leitbildgebenden Einfluß der Massenmedien" [3)] war und ist heute die „Landfamilie z. T. mit fremden Vorbildern konfrontiert, was Denken und Verhalten, aber auch Kleidung, Wohnungseinrichtung usw. anbetrifft. Vorbildern, die ihrerseits zumeist wieder auf überholten bürgerlichen Normen beruhen. Daneben haben sich gerade auf dem Dorfe noch vielerlei traditionelle Familienbräuche erhalten, wenn auch in neuen Kombinationsmustern und verändertem Zusammenhang." [4)]

[1-5)] Seite 85, 86, 124: Ingeborg Weber-Kellermann, Die deutsche Familie, Suhrkamp-Taschenbuch 185, 1976

Wenn von Familien und Tradition noch gesprochen wird „... bewahrt sich der Familiengeist in der Gegenwart am stärksten auf dem Lande und in der Kleinstadt... Geburtstage, Hochzeiten, Einsegnungen und Begräbnisse sind hier noch wirklich große Familienzusammenkünfte."[5]
In den großen, maschinell gut ausgestatteten rationalisierten und spezialisierten Höfen, übernimmt meistens eines der Kinder den Hof, nachdem er eine landwirtschaftliche Schule nach der mittleren Reife oder dem Abitur hinter sich gebracht hat. Ein solcher Bauer ist eine Art Gutsherr, der sein rationalisiertes Gut, im wahrsten Sinne des Wortes selbst bewirtschaftet, schwer, aber rentabel arbeitet.
Im Gegensatz zu dem Großbauern geht sehr oft der Besitzer eines nicht rationalisierten kleinen Hofes einer anderen Erwerbstätigkeit nach, weil er nicht vom Erlös seines Hofes leben kann. Der überforderten Frau obliegt es, Stall, Garten, Haushalt und Kindererziehung, womöglich noch die Versorgung der alten Schwiegereltern alleine zu übernehmen. Die Kinder werden zur Arbeit herangezogen, die sie unwillig erledigen, weil sie für die Schule zu tun haben. Sie mißbilligen den ganzen Betrieb und können sich doch nicht vorstellen, daß er einmal aufhören wird. Diese Höfe haben wenig Chance zu überleben. Bräuche und Tradition schwinden mit der Generation der Kinder.

Oliver
In Deutschland gibt es viele Familien mit einem Kind. Geldmangel, Berufstätigkeit der Frau, Bequemlichkeit, gesundheitliche Gründe oder Verantwortungsbewußtsein in einer übervölkerten Welt sind einige der Gründe, weswegen Ehepartner nur ein Kind wollen oder planen.
Ein Einzelkind kann aufgeschlossene Eltern haben, die die Außenwelt und ihre Wirklichkeit in ihr Leben und das des Kindes mit einbeziehen. Es erwirbt Vertrauen und Sicherheit. Es kann sich entfalten. Es ist kontaktfähig, es vermag andere Menschen zu lieben und sich solidarisch mit ihnen zu fühlen. Es können sich auch Schwierigkeiten für ein Einzelkind ergeben. Es entwickelt bei einer unvernünftigen Erziehung der Eltern Egoismus, Habsucht, Kontaktlosigkeit, Angst und mangelnde Solidarität. Es ist zuweilen gemeinschaftsunfähig. Manche Einzelkinder identifizieren sich zu sehr mit dem einen Partner, verdrängen oder verwünschen die Existenz des anderen und meinen auf die Dauer, selbst der Partner zu sein. Später lösen sie sich nur schwer oder nie aus dieser Bindung.
Oliver ist ein angepaßtes Kind. Die Eltern respektieren seine Entwicklung, seine Wünsche und seine altersspezifischen Bedürfnisse. Oliver achtet die Freiräume, die seine Eltern brauchen. Alles ist eingeteilt, alles wird geteilt, alles läuft reibungslos. Ein Elternteil ist immer verfügbar. Der Kinderladen, den Oliver besucht, ist von Eltern aufgebaut, die die gleichen Ziele verfolgen.
Die Außenwelt wird nicht immer mittun, die Eltern werden nicht immer so verfügbar bleiben können. Wird Oliver stark genug sein, der Außenwelt und dem veränderten Leben zu Hause standzuhalten?

Lena
In den letzten Jahrzehnten hat sich die Geschlechtsreife des Jugendlichen verfrüht. Seine psychische und soziale Reife tritt dagegen später ein als früher; physische und psychische Reife fallen immer mehr auseinander. Die frühe physische Reife führt fast automatisch zu früheren sexuellen Beziehungen. Dabei zeigt sich gerade bei der frühen sexuellen Bindung eine auffallende Neigung zur Beständigkeit. Die sexuelle Bindung löst den einzelnen aus seiner Familie, sein Bedürfnis nach Geborgenheit bringt ihn zu einer länger dauernden Beziehung.
Zugleich gilt immer noch, was Anna Freud 1936 über den Jugendlichen geschrieben hat: „Er wechselt zwischen begeistertem Anschluß an die Gemeinschaft und unüberwindlichem Hang nach Einsamkeit; zwischen blinder Unterwerfung unter einen selbstgewählten Führer und trotziger Auflehnung gegen alle und jede Autorität. Er ist eigennützig und materiell gesinnt, dabei gleichzeitig von hohem Idealismus erfüllt. Er ist asketisch, mit plötzlichen Durchbrüchen in primitivste Triebbefriedigungen. Er benimmt sich zuzeiten grob und rücksichtslos gegen seine Nächsten und ist dabei selbst für Kränkungen aufs äußerste empfindlich. Seine Stimmung schwankt von leichtsinnigstem Optimismus zum tiefsten Weltschmerz, seine Einstellung zur Arbeit zwischen unermüdlichem Enthusiasmus und dumpfer Trägheit und Interessenlosigkeit."
Diese Entwicklung verbindet sich mit einer Verlängerung der Schulzeit. Nie in der Geschichte der Menschheit kam eine so große Anzahl von Jugendlichen so spät in berufliche und wirtschaftliche Verantwortung. Verheiratete Schüler und Schülerinnen mit Kindern sind keine Seltenheit mehr.
Die Anforderungen, die diese Situationen an den Jugendlichen stellen, sind höchst vielfältig. Abhängig in der Schule, abhängig im Lehrverhältnis und voll verantwortlich in der Familie, beide Eltern in der Ausbildung, aber beide Eltern verantwortlich für ein Kind, Konflikt zwischen der moralischen Verantwortung füreinander und für das Kind, zwischen der Verantwortung für die eigene Zukunft durch erweiterte Ausbildung. Wir haben noch wenig Erfahrung, welche Folgen das hat. Bringt die frühe Familiengründung ein Stück der Verantwortung zurück, die durch den verspäteten Berufseintritt verlorenging? Hält die Frühehe?

Großmutter und Marita

Das übliche Bild der Familie ist vom Verhältnis Eltern – Kind bestimmt. Eltern versuchen, ihre Kinder zu erziehen. Kinder formen sich ihr Bild von sich selbst nach dem Bild ihrer Eltern. Der Sohn des Tischlers bastelt zum Beispiel mit Holz, der Sohn des Rechtsanwalts spielt mit Akten.

Später folgt die Gegenbewegung. Das Kind versucht die Selbständigkeit gegenüber den Eltern zu finden, es löst sich oft schmerzvoll von ihnen, es findet seine Identität im Widerspruch zu den Eltern, die Nabelschnur wird in der Entwicklung des Jugendlichen zum zweiten Mal durchschnitten. Erst nach dieser häufig schwierigen Lösung von Kindern und Eltern kann wieder ein harmonisches Verhältnis zwischen ihnen entstehen.

Ganz anders ist die Beziehung von Großeltern zu Enkelkindern und von diesen zu Großeltern. Großeltern haben die Lösung der eigenen Kinder erfahren und sind daher weniger erziehungsentschlossen. Sie sind häufig in der Lage, ihre Liebe zu Enkelkindern einfach auszuleben, ohne die Störung durch erzieherische Anstrengung. Kinder sehen in den Großeltern die Erfahrung und den Zauber ferner Vergangenheit und weniger den Zwang unmittelbarer Auseinandersetzung. Sie akzeptieren meistens die „Macken" ihrer Großeltern besser als die ihrer Eltern. Deshalb wirken Großeltern, auch wenn sie manches an ihren Enkelkindern nicht verstehen, in der Familie häufig als ein Faktor von Harmonie und Frieden. Sie rücken wieder mehr an ihre eigene Kindheit heran. Von den eigenen Kindern werden sie oft wie deren Kinder behandelt. Auch das macht sie den Kindern liebenswert.

Papa mit Astrid alleine

„Kinder sind anders als Erwachsene in ihrer Einstellung zu den realen Vorgängen in der Außenwelt. Sie sehen, was immer geschieht, nicht als objektiv bedingt, sondern beziehen es in egozentrischer Weise nur auf ihre eigene Person." [1]

„Kinder verlangen, daß die Eltern, die sie lieben sollen, miteinander einig sind. Jeder Streit oder Zwiespalt zwischen Vater und Mutter findet seinen Widerhall in Zwiespältigkeit und schmerzlichem Loyalitätskonflikt im Gefühlsleben des Kindes." [2]

„Wo Familien unvollständig sind (durch Krankheit, Tod, Trennung, Scheidung) fehlt dem aufwachsenden Kind der Einfluß von zwei Erwachsenen verschiedenen Geschlechts, die miteinander in enger Verbindung stehen." [3]

Das Kind einer geschiedenen Ehe lebt entweder beim Vater oder bei der Mutter, je nach dem Urteil des Gerichts. Der nicht begünstigte Teil sieht das Kind zu festgesetzten Zeiten. Sind die Eltern vernünftig, werden sie miteinander Regelungen vereinbaren, die dem Kind eine loyale Haltung zu beiden Eltern erleichtern. Wenn diese Eltern nicht miteinander leben können, sollten sie wenigstens, was das Kind betrifft, Einigkeit über Entscheidungen erlangen, die das Wohl des Kindes angehen. Sind die Eltern verfeindet, werden sie dem Kind das Leben schwer machen. Jeder Besuch des nicht begünstigten Elternteils wird zum Problem. Das Kind leidet unter Loyalitätsproblemen und verhält sich falsch. Seine Bindungen, seine Identifizierungen sind erschwert, das Kind urteilt, verdammt, lehnt ab. Es vereinsamt und wird gefühlsschwächer. Das Zutrauen des Kindes zum Vater oder zur Mutter leidet, auch seine Liebesfähigkeit.

Es entstehen sehr oft zu nahe Bindungen zwischen dem begünstigten Elternteil und dem Kind, mit dem Erfolg, daß die nötige Loslösung in der Pubertät schmerzvoller und gewaltsamer ist als üblich. Das Kind leidet oft unter der zu großen Nähe, hat Gewissensbisse. Es möchte und vermag doch nicht die Rolle, die es als Ersatzpartner spielt, abzuschütteln.

Der Wochenendvater

Die tiefe Neigung einer Tochter zum Vater, eines Sohnes zur Mutter kann Kinder im Unterbewußtsein den Drang verspüren lassen, den gleichgeschlechtlichen Partner zu beseitigen.

Hier aber gerät ein Kind in Konflikte, weil die Kinder-Eltern-Beziehung Merkmale trägt, die eher einer „Gattenbeziehung", wie Horst Eberhard Richter sie nennt, gleichen, in der die Mutter eine unbewußte Verführerrolle spielt. „Wenn Eltern ihr Kind in die Rolle eines Gattenersatzes drängen, so wird dies um so leichter der Fall sein können, wenn der Ehepartner nicht vorhanden, oder wenn die Beziehung der Ehepartner zueinander getrübt ist." [1] Der zu nahe Kontakt zwischen Mutter und Sohn kann einen Jungen glauben lassen, er ersetze den Vater bei der Mutter. Seine Forderungen an die Mutter werden immer größer und er meint schließlich, er besäße die Macht des Vaters. Bei einer aktiven Mutter empfindet der Junge Angst, wann auch immer er von seiner Mutter getrennt wird. Dadurch wird seine Entfaltung verhindert, seine Kontaktfähigkeit zu anderen gestört.

In dem Fall des „Wochenendvater" handelt die Mutter

[1-3] Josef Goldstein/Anna Freud/J. Solnit (Hrsg.)
Jenseits des Kinderwohls, Suhrkamp Taschenbuch Nr. 212
Suhrkamp Verlag Frankfurt 1974, S. 18, 21

[1] Prof. Dr. Dr. Horst Eberhard Richter,
Eltern, Kind und Neurose, Rororo Ratgeber 6082/6083,
© Ernst Klett, Stuttgart 1963.

bedenklich: sie leistet sich ihren kleinen „Liebhaber", solange der Vater abwesend ist. Jedes Wochenende aber verrät sie den „Liebhaber", wenn der Vater zurückkommt. Das Kind pendelt unglücklich, verzagt und unsicher zwischen der Scheinwirklichkeit, der Einzige zu sein und der enttäuschten Hoffnung hin und her. Das Bild der Mutter ist so mächtig in ihm, daß er Todesängste aussteht, sowohl von ihr vernichtet zu werden, als sie zu verlieren. Zum Vater hat er ein ambivalentes Verhältnis, er wünscht ihm sogar zu seinem eigenen Erschrecken den Tod. Die Mutter ist ihm keine Hilfe, der Vater auch nicht. Beide ahnen nichts von der Qual ihres Sohnes. Die Entwicklung des Kindes ist belastet und gefährdet, da ihm keine Kräfte bleiben, um die Rolle des „Gattensubstitut" abzuschütteln.

Die Küpelis, eine türkische Familie in Berlin
Gastarbeiter sind Arbeiter, die gezwungen sind, aufgrund der wirtschaftlichen oder politischen Verhältnisse in ihrer Heimat „ihre Arbeitskraft in der Fremde zu verkaufen, wenn sie nicht daheim verhungern wollen." Sie gehen in ein stärker industrialisiertes Land. Gastarbeiter arbeiten seit über 15 Jahren in Deutschland. Sie kommen meistens aus Jugoslawien, der Türkei, Italien, Griechenland oder Spanien. Unter vielen Problemen, die sich erheben, seien einige herausgegriffen.
1. Gastarbeiter bleiben nicht kurzfristig in Deutschland, sondern langfristig. Die Mehrzahl der Gastarbeiter hat ihre Familien nachgeholt.
2. Die Öffentlichkeit hat es mit einer großen Anzahl von Kindern und Jugendlichen zu tun, die in Deutschland aufwachsen, die Schule besuchen und ihre Berufsausbildung machen wollen.
3. Bei gespannter Arbeitsmarktlage müssen manche ausländische Arbeiter mit ihren Familien in ihr Land zurückkehren.
4. Da Deutschland auf das Leben von so vielen Ausländern nicht vorbereitet war, ergab sich für diese ein vielfältiger sozialer und erzieherischer Notstand.
Viele Initiativ-Gruppen und beide Kirchen haben sich um diesen Notstand bemüht. Die Aufgabe übersteigt jedoch ihre Kräfte.
Die Öffentlichkeit hat sich an die Mißstände gewöhnt, sie hat die Funktion des ausländischen Arbeiters vergessen, ihre Vorurteile haben zu- und ihr Sinn für Menschenwürde abgenommen. Die Öffentlichkeit weiß nicht mehr, daß die Produktion, wie wir sie heute betreiben, nicht ohne die Hilfe der ausländischen Arbeitskräfte bestehen kann. Die ausländischen Arbeitskräfte wiederum nehmen bei ihrer Ankunft jede Arbeit und jede Unterkunft an, glücklich,
Arbeit zu finden und erlöst zunächst, nicht auf der Straße sitzen zu müssen. Die ausländischen Arbeiter verlassen ihr Land, aber auch ihr gesamtes soziales Gefüge. Sie werden in Deutschland mit fremden Realitäten konfrontiert, wie zum Beispiel der Sprache, mit dem Wohnen, dem Klima, mit der Nahrung, mit der Kleidung, mit dem Arbeitsrhythmus, mit der Familientradition und mit der Erziehung. Ihre Sitten und Gesetze unterscheiden sich in Wesentlichem von den unsrigen.
Die religiösen Unterschiede verstärken die Schwierigkeiten, besonders, wenn die Rolle der Religion, wie bei den Mohammedanern, so zentral ist, daß sie in alle Lebensbereiche eingreift, von der Kleidung über die Eßgewohnheiten bis zur Kindererziehung und dem Verhältnis der Geschlechter zueinander.
Ausländische Arbeiter stehen in Deutschland an der untersten Stufe der Gesellschaft. Sie können meistens nicht frei entscheiden, was sie arbeiten und wie sie wohnen wollen. Sie haben keine Möglichkeit, über die Gesetze mitzubestimmen, denen sie hier unterliegen. Der ausländische Arbeiter steht zwischen zwei Fronten: einerseits muß er hier leben, in Anpassung an unsere Verhältnisse, und andererseits will er doch die Bindungen an sein Land nicht abreißen lassen, er will die Tradition seines Landes weiterführen. Dieses sehr andere Verhältnis zur Familie, zu sich selbst, zur Sexualität, führt mitunter auch zu schweren Konflikten mit den Deutschen: am Arbeitsplatz, in der Schule, auf der Straße, in Geschäften, in der Freizeit. Vor allem Jugendliche sind in der Schule und in der Freizeit besonderen Widersprüchen ausgesetzt. Sie sehen sich einem doppelten, sich widersprechenden Zwang zur Anpassung ausgesetzt. Hier Anpassung an die Familie, dort Anpassung an die Gesellschaft, zu der sie neuerdings gehören. Zugleich haben sie sich mit einer Fülle von Vorurteilen in der deutschen Bevölkerung auseinanderzusetzen. Diese Vorurteile müssen schon bei Kindern abgebaut werden. Man kann nicht darauf warten, daß der andere sich verändert und anpaßt. Beide Seiten müssen aufeinander zugehen.

Das adoptierte Baby
Es gibt biologische Eltern (Eltern, die das Kind gezeugt haben), alleinstehende Mütter oder alleinstehende Väter, die ihr Kind nicht behalten wollen oder können. Manche Eltern, Mütter oder Väter, sind krank oder behindert; manche können nicht arbeiten und gleichzeitig Kinder großziehen, da sie oft selbst aus schwierigen Familienverhältnissen kommen. Sie sind von ihrem Ehepartner verlassen worden und haben nicht mehr die Kraft, mit dem Kind alleine zu leben.
Es gibt noch andere Gründe, derentwegen Kinder ohne

Eltern aufwachsen: Ein Kind kann seine Eltern durch Kriegseinwirkungen oder durch einen Unfall verloren haben. Es kann seine Eltern auch aus politischen Gründen entbehren müssen. Wenn es keine Verwandten gibt, die sich der Kinder annehmen, springt der Staat ein.

Die Gründe, weshalb Menschen ein Kind adoptieren, sind fast so vielfältig wie die Motive der Ablehnung und des Verlassens eines Kindes durch seine biologischen Eltern. Heutzutage ist die Adoption sehr populär. Ein Teil der jungen Generation tendiert dazu, Kinder aus aller Herren Länder anzunehmen, besonders aus Ländern, die vom Krieg heimgesucht wurden, wie z. B. Vietnam und Korea, oder Kinder aus diskriminierten Minderheiten, wie z. B. Farbige oder Mischlinge. Aber auch Kinder aus dem eigenen Land werden angenommen, um sie vor dem Heim zu bewahren. Viele Menschen schrecken vor der Adoption zurück, weil sie die unbekannten Risiken nicht eingehen wollen. Sie vergessen, daß auch eigene Kinder die gleichen Risiken mit sich bringen.

Die heutige Tendenz ist durch die volle Einbeziehung des adoptierten Kindes in die Familie der Adoptiveltern charakterisiert. Die Öffentlichkeit zeigt heute ein wachsendes Verständnis für die Adoption als Möglichkeit der Hilfe für alleinstehende Kinder und deren Eltern. Die Frühadoption, d. h. die Adoption von Kindern unter drei Jahren, findet in der Öffentlichkeit eine besondere Resonanz mit rund 80 %. Die junge Generation weiß, daß die Entwicklung des Kindes weitgehend von Einflüssen seiner Umwelt abhängt.

Im neuen Adoptionsgesetz vom 6. Mai 1976 sind zunächst wichtige prinzipielle Veränderungen gegenüber der bisherigen Situation festgehalten. Sie betreffen etwa die Teilung der adoptionsrechtlichen Bestimmungen in solche für Minderjährige, und für den Sonderfall der Adoption von Erwachsenen. Für die pädiatrisch wichtige Adoption von Minderjährigen – heute zu rund 80 % Kinder unter 3 Jahren – ist die vollständige Eingliederung in die Familie der Adoptiveltern und das völlige Erlöschen verwandtschaftlicher Rechtsbeziehungen zu den leiblichen Eltern vorgesehen. Gedanklich hierzu in engem Zusammenhang steht die Änderung des Annahmeverfahrens, nach der die Adoption nicht mehr als öffentlich bestätigter Privatvertrag, sondern als hoheitlicher Akt praktiziert werden wird, mit dem das Vormundschaftsgericht den Adoptiveltern die Betreuungs- und Erziehungsaufgaben für dieses bestimmte Kind überträgt.

Die Annahme eines Kindes ist danach für alle Ehepaare möglich, bei denen ein Partner das 25., der andere das 21. Lebensjahr vollendet hat. Für alleinstehende Annehmende – dies sind in der Regel Ausnahmefälle – gilt ebenfalls die 25-Jahres-Grenze. Die Einwilligung zur Adoption durch die Abgebenden kann erst erteilt werden, wenn das Kind 8 Wochen alt ist. Damit ist die zuletzt noch einmal aufgeflammte Diskussion um eine möglichst frühzeitige Übergabe des zu adoptierenden Kindes in die neue Familie, aber auch um eine angemessene „Zeit der Besinnung" für die meist alleinstehenden leiblichen Mütter, einem guten Kompromiß zugeführt worden.

Wir bleiben lieber für uns

Die Familie Schneider zeigt einen Vater, der ein Arbeitnehmer, ein Mann in einem nicht selbständigen Beruf ist, eine Mutter, die in ihrem kleinen Drei-Personen-Haushalt aufgehen soll und das einzige Kind dieses Ehepaares, das die Mutter jedem fremden Einfluß entziehen möchte.

Die Schule wird als unumgehbar, aber dennoch als notwendig empfunden, da sie das Kind fördert, das ja einmal etwas leisten soll. Die Schule als Repräsentant der Welt erscheint vollauf genügend. Frau Schneider will keine Kontakte, übernimmt keine Funktionen, sie hat noch nie daran gedacht, daß sie sich in der Elternarbeit engagieren könnte oder als Mitglied der Gemeinde. Sie achtet die Arbeit ihres Mannes, ohne viel davon zu wissen. Haushalt und Familie füllen sie aus und gelten als der einzig sichere Ort, in dem das Kind gedeihen kann, das möglichst keine eigenen Wünsche und Gedanken entwickeln sollte, die den engen Rahmen sprengen könnten. Sie übersieht, daß ihr Kind verkümmern muß, wenn es keine Kontakte schließt. Die Familie Schiller stellt eine wichtige Chance für Axel dar: der Ausbruch aus der Enge, die Erfüllung des geheimen Wunsches, Geschwister zu haben, in einem Wort, am Leben teilzuhaben.

Die Mutter sieht in dieser „anderen Welt" nur Gefahren für Axel. Unbewußt ist sie auch mißtrauisch und eifersüchtig. Sie belastet ihr Kind täglich mehr und drängt es in die Enge. Axel flieht. Was er durchgemacht, welche Verzweiflung ihn getrieben hat, ahnt die Mutter zum ersten Mal. Es ist ein Wunder, daß Axel nach einigen Tagen zu sprechen anfängt. Die wirklichen Ausmaße seiner Störung sind zu diesem Zeitpunkt noch nicht zu sehen.

Eine Wohngemeinschaft

Wohngemeinschaften gibt es auf der ganzen Welt. Sie haben angefangen, als Menschen alternative Lebensformen zur traditionellen Familiensituation suchten. Die Studentenbewegung 1968 brachte die Wohngemeinschaften auch nach Deutschland. Sie entstanden aus dem Bedürfnis heraus, ein Leben gemeinsam zu führen, in dem es keine Hierarchien geben würde. Es ging den Mitgliedern einer Wohngemeinschaft besonders um das Zusammenarbeiten und um das Zusammenleben. Man hatte gemeinsame politische Ziele und gemeinsame Interessen. Manche Studenten, verheiratete oder unverheiratete Paare, erhofften sich durch das Leben in der Wohngemeinschaft Anregung und Halt für ihre Zweierbeziehung. Sie wollten die Isolierung vermeiden und sahen eine bessere Realisierung ihrer Persönlichkeit in der Gemeinschaft.

Die Öffentlichkeit äußerte sich pauschal diskriminierend gegen alle Wohngemeinschaften, als einige von ihnen nicht nur Interessen, Wohn- und Lebensmittel sowie Geld miteinander teilten, sondern auch die Partner. Wer in einer Wohngemeinschaft lebte, war lange Zeit gezeichnet. Man vergaß, daß auch die Mitglieder einer Wohngemeinschaft Menschen sind wie andere, die arbeiten, studieren, berufstätig sind und gemeinsame Interessen haben, die sie gemeinsam verfolgen. Väter und Mütter aus Wohngemeinschaften wünschten sich z. B. ihre Kinder in neuen Formen zusammenzuführen, sie herrschaftsfrei zu sozialisieren und dadurch ihre soziale und emotionale Entwicklung zu fördern. Sie gründeten deshalb die Kinderläden. Ein Beispiel, dem auch andere Gruppen folgten und ihre eigenen Konzeptionen entwickelten.

Eines der Anliegen der Wohngemeinschaft war die Überwindung der Privatisierung. Die allein gelassene Kleinfamilie im Wohnturm, das einsame Kind ohne Freude sollte als Existenzform überwunden werden. Das Kind lernte auch andere erwachsene Menschen kennen, zu denen es selbständig Beziehungen entwickeln konnte.

Die gemeinsamen politischen Interessen, gemeinsame Projekte, der Wunsch, gemeinsam zu kochen, zu essen und zu leben, das gemeinsame Diskutieren waren die Basis der Wohngemeinschaft aus der „Gründerzeit". Einige heutige Wohngemeinschaften haben Rudimente aus diesem Modell übernommen und bewahrt.

Manuela im Heim
Die Unterbringung in Heimen ist eine große Hilfe für alle Kinder, deren Eltern sie nicht bei sich behalten können, und für die sich keine Pflegefamilie gefunden hat.

Es gibt Heime der staatlichen Jugendhilfe und der freien Wohlfahrtspflege (z. B. das Diakonische Werk - evangelisch -, der Deutsche Caritas-Verband - katholisch -, die Arbeiterwohlfahrt), aber auch solche in privater Hand. Das Schlagwort: „Besser eine schlechte Familie als ein gutes Heim" ist falsch. Es kommt allerdings darauf an, ob die Erzieher in einem Heim genügend vorgebildet sind und sich ihrer Aufgabe mit der nötigen Hingabe widmen. Wenn diese beiden Voraussetzungen erfüllt sind, kann die Heimerziehung, z. B. für Kinder aus gestörten Familien, sehr hilfreich sein. Man darf nicht vergessen, daß nicht die Heime die Kinder zerstören, sondern daß die Kinder schon mehr oder weniger gestört in die Heime kommen. Es gibt natürlich Heime wie Familien, die ihren Aufgaben nicht genügen. Manuela hat Glück gehabt mit ihrem Heim, in dem sie eine Bezugsperson hat wie „Tante Greti", die sie nicht enttäuscht.

Wilingas und ihre Kinder
Es gibt Waisenkinder, deren Eltern gestorben sind, es gibt Sozialwaisen, deren Eltern mit der Erziehung nicht zurechtkommen oder die, aus welchen Gründen auch immer, ihre Kinder verlassen. Diese Kinder werden wie willenlose Objekte zwischen der Behörde, den Heimen und den leiblichen Eltern „herumgeschubst". Sie kommen in Tages-, Dauer-, Groß- oder Sonderpflegestellen, d. h. zu Ersatzfamilien, besonders weil sie oft verhaltensgestört sind, geistig und auch körperlich behindert. Das Jugendamt bemüht sich, Familien zu finden, die Kinder in dieser Notsituation aufnehmen, und die ihnen auf emotionaler und sozialer Ebene helfen und sie für das Vermißte etwas entschädigen. Wichtig ist, daß die Ansprüche der leiblichen Eltern geregelt und nicht nach Jahren plötzlich geltend gemacht werden, gegen das Wohl des Kindes und seiner Pflegeeltern.

Es gibt Pflegefamilien, die sich eigene Kinder versagen, um sich besser dieser Unerwünschten widmen zu können. Verwaltungs-Hickhack, Informationsmangel, zu wenig besetzte Beratungsstellen machen den Pflegefamilien oft unnötige Schwierigkeiten.

Dennoch betonen die Behörden den Vorrang der Familienpflegestellen vor der Heimunterbringung. Das geht nicht nur auf pädagogische Erwägungen zurück, sondern hat auch finanzpolitische Hintergründe. Für einen heilpädagogischen Heimplatz werden aus dem Landeshaushalt (z. B. Berlin) mindestens 3 000,- DM, nach Angaben in der Senats-Familienverwaltung, nicht selten bis zu 4 000,- DM pro Monat bezahlt. Normale Pflegestellen belasten den Haushalt maximal mit etwa 500,- DM. Großpflegestellen (vier bis acht Pflegekinder) schlagen mit rund 900,- DM zu Buche; Sonderpflegestellen kosten das Land rund 1 500,- DM pro Monat und Pflegekind. (Tagesspiegel, Berlin 18. 01. 1976).

Eine Familie in guten Verhältnissen
Es gibt Familien, für die die Welt noch heil ist. Die Eltern lieben sich, die Kinder sind glücklich, alle sind aktiv, der Wohlstand, den sie erworben haben, wird nicht sinnlos ausgenutzt, sondern mit sozialer Verantwortung verbunden. Man hilft anderen und ist auch in seinem Horizont nicht auf Deutschland beschränkt, man ist weltoffen.

Man ist sich schnell einig gegen eine aus den Fugen geratene Umwelt.
Werden die Kinder einer solchen Familie später fähig sein, sich in einer unheilvollen Welt zu bewegen und zu bewähren? Entsteht in so behüteten Verhältnissen die Vertrautheit mit dem Unglück, die nötig ist, wenn man diese Welt ertragen will?
Geordnete Verhältnisse sind ein Schutz für Kinder. Aber befähigen sie sie auch hinreichend, später in der Welt, wie sie ist, zu leben und zu arbeiten?
Die Kinder dieser Familie sind geprägt von der starken Beziehung der Eltern zueinander.
Ist es für die Zukunft von Kindern nicht besser, wenn sie sich gelegentlich damit herumschlagen müssen, daß Geld für manche Hobbys oder Wünsche nicht vorhanden ist?

Mutter und Tochter
Unser Grundgesetz sagt: „Den unehelichen Kindern sind durch die Gesetzgebung die gleichen Bedingungen für ihre leibliche und seelische Entwicklung und ihre Stellung in der Gesellschaft zu schaffen wie den ehelichen Kindern" (Artikel 6, Absatz 5).
Das Grundgesetz sprach noch von unehelichen Kindern, die Reform des unehelichen Rechts in Ausführung des Grundgesetzes spricht von nichtehelichen Kindern, um jeden Schein der Abwertung zu vermeiden. Seit der Reform hat die nichteheliche Mutter die alleinige und vollelterliche Gewalt, wenn sie 18 Jahre alt ist.
Der Vater ist von der elterlichen Gewalt ausgeschlossen.
Seit der Reform kann das Jugendamt die Mutter beraten, ist aber nicht mehr Vormund des Kindes.
Der nichteheliche Vater ist zum Unterhalt des Kindes verpflichtet. Der Unterhalt umfaßt alle Lebensaufwendungen für den Lebensbedarf. Auch die Mutter ist zum Unterhalt des Kindes verpflichtet, sie erfüllt aber diese Verpflichtung durch die Pflege und durch die Erziehung des Kindes, so daß die finanzielle Unterhaltspflicht beim Vater liegt. Das nichteheliche Kind hat schon immer seiner Mutter gegenüber die üblichen gesetzlichen Erbansprüche eines Kindes. Durch die Reform wird das nichteheliche Kind auch dem Vater gegenüber in dieselbe Stellung wie die ehelichen Kinder gesetzt.
Vor der Reform kam es häufig vor, daß zwischen Vätern und nichtehelichen Kindern keine menschlichen oder finanziellen Beziehungen bestanden.
In dem Bericht „Mutter und Tochter" ist die Beziehung der nichtehelichen Eltern ein ganzes Leben weitergegangen. Für die Mutter ist es eine Bindung. Die Liebe zu dem Mann verbot ihr, Forderungen zu stellen. Die Unterstützungen des Mannes in menschlicher und finanzieller Beziehung waren zufällig.

Zirkuskinder
Zum Wesen der Familie gehört in der allgemeinen Vorstellung ihr fester Standort wie die Wohnung, das Haus, eventuell ein Stück Garten, der Hof, die Straße, der gemeinsame Weg zur Kirche, zur Schule, zum Kaufmann, zum nächsten Kino, in den Park auf den Spielplatz. Das sind feste lokale Bezugspunkte.
Nun gibt es aber eine Lebensform, bei der das alles anders ist. Man zieht mit dem Zirkus von Ort zu Ort, jedes Mal in eine neue Umgebung, zu neuen Menschen. Dabei stellt sich heraus, daß offenbar die Ortsgebundenheit gar nicht so bestimmend für die Familie ist, wie man glaubt. Der familiäre Zusammenhang wird stärker, wenn der Ort ständig wechselt, die Familie verbindet sich, ähnlich wie auf Ferienreisen, durch den Zwang, immer neue Orte, neue menschliche Zusammenhänge sich anzueignen. Vor allem aber arbeiten Erwachsene und Kinder eng zusammen. Kinder und Eltern sind aufeinander angewiesen. Solidarität und Verantwortung sind die Tugenden der Zirkusmenschen, wenn sie bestehen und überleben wollen. Die Schulkenntnisse der Zirkuskinder sind sicher lückenhaft. Dafür verfügen sie über Instinkt und Erfahrungen in menschlichen Bereichen, die anderen Kindern mit der üblichen Schulbildung abgehen.

Eine Problemfamilie
Unsere Zeit hat viele Tabus der Familie abgebaut. Weder väterliche noch mütterliche Autorität verstehen sich von selbst; sie werden in Zweifel gestellt und müssen sich immer wieder in der Erprobung behaupten. Sexuelle Enthaltsamkeit für Jugendliche gilt nicht mehr für notwendig, sie wird eher für schädlich gehalten, Unterwerfung unter familiäre Ordnung wird von den Jugendlichen nicht mehr einfach hingenommen. Die innerfamiliäre Rollenfixierung, d. h. das Festlegen des einzelnen auf eine so oder anders geartete Rolle in der Familie stößt auf Widerstand. Die Vorherrschaft des Mannes gilt nicht mehr, die Aufopferung der Mutter für den Mann und die Kinder findet zwar häufig noch statt, versteht sich aber nicht mehr von selbst.
Bedeutet all dies Auflösung der Familie? Bedeutet es Verfall der Autorität oder Befreiung des einzelnen? In unseren Tagen zerfallen Ordnungen in der Familie, die dem Menschen Halt gaben, die ihn aber zugleich bedrückten und den Weg zu einer selbständigen Existenz versperrten.
Glückt es, die Familie zu einer arbeitsteiligen Gemeinschaft werden zu lassen, in der nicht mehr einer, nämlich die Mutter, die Arbeit für alle tut? Die Schwierigkeiten, vor denen wir hier stehen, sollten nicht verharmlost werden, aber auch die Möglichkeiten, gerade mittels der Familie gesellschaftlich kooperativ zu wirken, nicht übersehen werden.

Antoinette Becker und Elisabeth Niggemeyer
sind die Autoren der Reihe
ICH UND DIE WELT
Bisher erschienen:
Ich bin jetzt in der Schule
Ich bin jetzt im Krankenhaus
Ich bekomme einen Bruder
Ich sorge für ein Tier
Ich mag Musik
Ich habe eine Mark
Ich kann bald schwimmen
Ich bin doch auch wie ihr
Ich gehe zum Zahnarzt

1. Auflage 1977
© 1977 by Otto Maier Verlag Ravensburg
Layout: Wolf Lücking, Berlin
Gestaltung des Überzugs: Otto Maier Verlag
Redaktion: Gisela Stottele
Printed in Germany
ISBN 3-473-33415-4

CIP-Kurztitelaufnahme der Deutschen Bibliothek

Becker, Antoinette
Meine Familie, deine Familie:
Berichte aus d. Familienalltag;
e. Fotolesebuch/ Antoinette Becker; Elisabeth Niggemeyer.
– 1. Aufl. – Ravensburg: Maier, 1977.
　ISBN 3-473-33415-4

NE: Niggemeyer, Elisabeth:

VW: Pfefferkorn, Elisabeth (wirkl. Name) –
Niggemeyer, Elisabeth